utb 2983

Eine Arbeitsgemeinschaft der Verlage

Böhlau Verlag · Wien · Köln · Weimar
Verlag Barbara Budrich · Opladen · Toronto
facultas · Wien
Wilhelm Fink · Paderborn
Narr Francke Attempto Verlag · Tübingen
Haupt Verlag · Bern
Verlag Julius Klinkhardt · Bad Heilbrunn
Mohr Siebeck · Tübingen
Ernst Reinhardt Verlag · München
Ferdinand Schöningh · Paderborn
Eugen Ulmer Verlag · Stuttgart
UVK Verlag · München
Vandenhoeck & Ruprecht · Göttingen
Waxmann · Münster · New York
wbv Publikation · Bielefeld

Kurs Philosophie

Herausgegeben von Jan P. Beckmann und Annemarie Gethmann-Siefert

ANSGAR BECKERMANN

Das Leib-Seele-Problem

2., durchgesehene Auflage

Wilhelm Fink

Der Autor:

Ansgar Beckermann CV
Geb. 1945 in Hamburg. Studium der Philosophie, Mathematik und Soziologie in Hamburg und Frankfurt/M.; 1974 Promotion in Frankfurt/M.; 1978 Habilitation in Osnabrück; von 1982 bis 1992 Professor für Philosophie an der Universität Göttingen, von 1992 bis 1995 Professor für Philosophie an der Universität Mannheim, seit 1995 Professor für Philosophie an der Universität Bielefeld. Von 1988 bis 1994 einer der drei Koordinatoren des DFG-Schwerpunktprogramms *Kognition und Gehirn*. Von 2000 bis 2006 Präsident der *Gesellschaft für Analytische Philosophie e.V.*

Bücher:
Gründe und Ursachen, Kronberg/Ts. 1977
Descartes' metaphysischer Beweis für den Dualismus – Analyse und Kritik, Freiburg/München 1986
Einführung in die Logik, Berlin/New York 1997, 2. Aufl. 2003, 3. Aufl. 2011
Analytische Einführung in die Philosophie des Geistes, Berlin/New York 1999, 2. Aufl. 2001, 3. Aufl. 2008

Online-Angebote oder elektronische Ausgaben sind erhältlich unter **www.utb-shop.de**

Bibliografische Information der Deutschen Nationalbibliothek

Die Deutsche Nationalbibliothek verzeichnet diese Publikation in der Deutschen Nationalbibliografie; detaillierte bibliografische Daten sind im Internet über http://dnb.d-nb.de abrufbar.

2., durchgesehene Auflage 2011

© 2008 Wilhelm Fink Verlag, ein Imprint der Brill-Gruppe
(Koninklijke Brill NV, Leiden, Niederlande; Brill USA Inc., Boston MA, USA;
Brill Asia Pte Ltd, Singapore; Brill Deutschland GmbH, Paderborn, Deutschland)

Internet: www.fink.de

Printed in Germany.
Einbandgestaltung: Atelier Reichert, Stuttgart
Herstellung: Ferdinand Schöningh, Paderborn

UTB-Band-Nr.: 2983
ISBN 978-3-8252-3592-5

Inhaltsverzeichnis

Vorwort

Als ich vor ca. 10 Jahren begann, den Text für meine „Analytische Einführung in die Philosophie des Geistes" zu konzipieren, schwebte mir ein relativ überschaubares Bändchen vor, das eine kurze Einführung in den Stand der Diskussion geben sollte. Mit der Zeit wuchs der Text aber immer mehr, bis zum Schluss ein eher ausführliches Lehrbuch entstanden war, das weit über meine ursprünglichen Ambitionen hinausging. Deshalb bin ich Annemarie Gethmann-Siefert von der Fernuniversität Hagen und dem Fink Verlag äußerst dankbar, dass sie mir Gelegenheit gegeben haben, meinen anfänglichen Plan doch noch zu verwirklichen. Dass ich dabei immer wieder auf die „Analytische Einführung in die Philosophie des Geistes" zurückgegriffen habe, ist offensichtlich. Aber es gibt auch eine Reihe von Ergänzungen und Aktualisierungen. Und natürlich ist jetzt alles viel kompakter und überschaubarer, so dass ich hoffe, dass dieser Band auch für Leser nützlich sein wird, die sich wirklich nur kurz über den Stand der Diskussion informieren möchten.

Bielefeld, Oktober 2007

Vorwort zur zweiten Auflage

Die zweite Auflage ist gegenüber der ersten – bis auf einige Korrekturen – im Wesentlichen unverändert. Eine Anmerkung möchte ich aber nachholen: Begriffe, die mit einem nachgestellten „*" gekennzeichnet sind, werden im Glossar erläutert. Und danken möchte ich Henning Moritz für seine akribische Durchsicht der ersten Auflage und die daraus resultierenden hilfreichen Verbesserungsvorschläge.

Bielefeld, Dezember 2010

1 Das Leib-Seele-Problem

Das Leib-Seele-Problem ist eines der ältesten Probleme der Philosophie. Aber was macht das Problem eigentlich aus?

Wir leben in einer Welt, in der es viele physische Dinge gibt: Atome und Moleküle, Steine, Flüsse und Tische sowie schließlich Sterne und Galaxien. Unsere Welt enthält aber auch Lebewesen, Pflanzen und Tiere, die sich in ihrem Verhalten deutlich vom Verhalten ‚normaler' physischer Dinge unterscheiden: Sie atmen und nehmen Nahrung zu sich, sie paaren sich und pflanzen sich fort, sie wachsen, altern und sterben. Und schließlich gibt es Menschen, die auch ein mentales Leben besitzen: Sie nehmen wahr und erinnern sich, sie denken nach und fällen Entscheidungen, sie freuen und ärgern sich, sie fühlen Schmerz und Erleichterung.

Die Welt des Physischen, des Biologischen und des Mentalen

Aus dieser Tatsache ergibt sich die Frage, wie sich die Bereiche des Physischen, des Biologischen und des Mentalen zueinander verhalten. *Naturalisten* (man spricht hier auch von *Materialisten* oder *Physikalisten*) sind der Meinung, dass die biologischen Eigenschaften und Fähigkeiten von Pflanzen und Tieren und sogar das mentale Leben des Menschen vollständig auf das Physische zurückgeführt werden können. *Vitalisten* haben die Auffassung vertreten, dass schon Lebewesen mehr sind als rein physische Dinge. Und *Mentalisten* oder *Dualisten* schließlich meinen, dass zumindest der Bereich des Mentalen ontologisch* eigenständig ist.

Beim Leib-Seele-Problem geht es nur um den Bereich des Mentalen. Ist das Mentale auf das Physische zurückführbar? Sind alle unsere Erinnerungen, Überlegungen und Entscheidungen, sind alle unsere Gefühle und Empfindungen, sind Liebe und Schmerz metaphysisch durch das determiniert,[1] was in unseren Hirnen vorgeht? Oder ist das Mentale ontologisch eigenständig?

Das Leib-Seele-Problem

In der Geschichte der Philosophie wurden diese Fragen allerdings nicht immer präzise von der Frage nach der Eigenständigkeit des Biologischen unterschieden.

---

[1] ‚Metaphysisch determiniert' bedeutet hier, dass es nicht einfach nur einen naturgesetzlichen Zusammenhang zwischen Hirnprozessen und unseren Empfindungen gibt, sondern dass dieser Zusammenhang absolut notwendig* ist, also in allen überhaupt möglichen Welt besteht.

1.1 Ein historischer Einstieg

Antike Seelenauf-
fassung: Die Seele
(psyche) als Prinzip
des Lebens

Antike Philosophen und Wissenschaftler etwa haben die entscheidende Trennlinie nicht zwischen Wesen mit und ohne mentale Eigenschaften, sondern zwischen belebten und unbelebten
Dingen gezogen. Der Ausdruck ‚*psyche*‘, den wir gemeinhin mit
Seele übersetzen, steht zunächst für das, was das Lebende vom
Toten unterscheidet. ‚*apsychos*‘ heißt ‚leblos‘, ‚*empsychos*‘ dagegen ‚belebt‘, ‚lebendig‘ und manchmal sogar ‚lebhaft‘. Es ist der
Besitz einer Seele, der den Unterschied ausmacht zwischen Pflanzen, Tieren und Menschen auf der einen und z.b. Steinen, Ti-
schen und Häusern auf der anderen Seite, aber auch den Unterschied zwischen einem lebenden Menschen und dem Leichnam
eines Toten. Leben entsteht durch das Eintreten der Seele in den
Körper, und Tod dadurch, dass die Seele den Körper wieder
verlässt.

Aristoteles (384–322 v.Chr.) fasst diese Auffassung zusammen,
indem er von der Seele sagt, sie sei „gewissermaßen der Grund
(*arche*) der Lebewesen" (De anima 402a7). Auch wenn manchen
Vorsokratikern die Meinung zugeschrieben wird, die Seele sei
luft- oder feuerartig, ist der Zusammenhang mit dem Leben deutlich. Schon die antiken Kommentatoren bringen Luft und Atem
in Zusammenhang, und die Verbindung von Atem und Leben ist
offensichtlich. Wir leben, solange wir atmen. Es scheint daher
naheliegend anzunehmen, dass der Atem das ist, was uns Leben
verleiht, oder zumindest, dass das, was uns Leben verleiht, ein
atemähnlicher Stoff ist. Ebenso verständlich ist die Assoziation
von Seele und Wärme. Denn wie der Atem scheint auch die
Wärme für alle Lebensvorgänge notwendig zu sein; durch sie
werden sie hervorgerufen oder doch zumindest in Gang gehalten. Schließlich ist es sicher kein Zufall, dass der lebende Mensch
warm ist, der Leichnam des Toten aber kalt. Seele und Leben
gehören in der Antike also untrennbar zusammen. Ein *empsy-
chon* ist ein belebtes Ding, und seine *psyche* ist das, was dieses
Leben bewirkt. Eine Seele, d.h. eine *psyche* haben, bedeutet für
die Antike einfach, Leben haben, am Leben sein, lebendig sein.
Und umgekehrt gilt auch: Alles, was lebt, hat eine Seele, ist beseelt. Denn nur durch eine Seele kann Leben entstehen. So
schreibt *Platon* (428–347 v.Chr.):

> [Sokrates:] „Dann sage mir […]: ‚Was tritt in einem Körper auf, so
> daß dieser lebendig sein wird?'" – „Die Seele", antwortete [Kebes].
> – [Sokrates:] „Ist das nun immer der Fall?" – „Aber natürlich", ant-

wortete er. – „Was die Seele also auch immer besetzt, zu dem kommt sie immer, indem sie Leben bringt?" – „So kommt sie in der Tat", erwiderte er. (Platon, *Phaidon*, 105c9–105d5)

Aber was ist das, was Pflanzen, Tieren und Menschen Leben verleiht? Was ist die Seele? Ein Art von Ding? Ist dieses Ding materiell oder immateriell? Oder ist die Seele vielleicht gar kein Ding?

Die antiken *Materialisten*, zu denen unter anderen die Atomisten *Leukipp* (ca. 450–370 v.Chr.) und *Demokrit* (ca. 460–370 v. Chr.) sowie später *Epikur* (341–271 v.Chr.) und *Lukrez* (ca. 97–55 v.chr.) zählen, geben auf diese Fragen eine Antwort, die auf uns heute äußerst ungewöhnlich wirkt: Die Seele ist ein Ding, aber dieses Ding ist seiner Natur nach materiell. Lukrez, dessen Werk *De rerum natura*, anders als die Werke anderer antiker Materialisten, vollständig erhalten ist, formuliert diese Auffassung sehr anschaulich, wobei er zwei Arten der Seele – *animus* und *anima* – unterscheidet:

> Erstlich behaupt' ich, der Geist [*animus*] (wir nennen ihn öfter Verstand auch),
> In dem unseres Lebens Beratung und Leitung den Sitz hat,
> Ist nur ein Teil von dem Menschen, so gut wie die Hand und der Fuß ist
> Oder das Auge ein Teil des ganzen lebendigen Wesens. [...]
> Nicht nur der Geist, auch die Seele verweilt in den Gliedern, [...]
> Geist und Seele [*anima*] (behaupt' ich nun weiter) sind innig verbunden
> Untereinander und bilden aus sich nur ein einziges Wesen.
> Doch ist von beiden der Herrscher und gleichsam das Haupt in dem ganzen
> Körper die denkende Kraft, die Geist und Verstand wir benennen,
> Und die nur in der Mitte der Brust den beständigen Sitz hat. [...]
> Über den ganzen Körper jedoch ist die übrige Seele
> Ausgebreitet. Sie regt sich gehorsam dem Winke des Geistes.
> Dieser allein denkt frei, nur er fühlt eigene Freuden, [...]
> (Lukrez, *Von der Natur*, Buch III, Vers 94–145)

Geist und Seele sind beide *physische* Teile des Körpers (wie Hand und Auge), und sie sind eng miteinander verbunden. Während sich der Geist an einer bestimmten Stelle des Körpers, der Brust, befindet, ist die Seele über den ganzen Körper ausgebreitet. Der Geist ist die bestimmende Kraft. Er denkt, er fühlt, er entscheidet; die Seele führt seine Befehle nur aus, in dem sie die Glieder dazu bringt, sich so zu bewegen, wie der Geist es will. (Unwillkürlich wird man an das zentrale Nervensystem erinnert mit dem Gehirn

[Randnotizen:]

Was ist die Seele *(psyche)*?

Antike Atomisten: Die Seele ist etwas Materielles

als zentralem Steuerungsorgan und den Nerven, die die Signale
der Sinnesorgane an das Gehirn weiterleiten und die Signale des
Gehirns an die Muskeln übermitteln.)

Geist und Seele
müssen materiell
sein, um den
Körper bewegen zu
können.

[...] Leicht kann da ein jeder erkennen,
Seele sei innig verbunden mit Geist. Wenn dieser die Seele
Anstößt, lenkt sie den Stoß auf den Körper und streckt ihn zu Bo-
den.
Eben derselbe Beweis lehrt klar, daß ein körperlich Wesen
Geist wie Seele besitzen. Sie geben den Gliedern Bewegung,
Wecken den Körper vom Schlaf und verändern die Züge im Ant-
litz,
Ja man sieht, daß sie gänzlich den Menschen regieren und len-
ken.
Da sich nun, wie wir erkennen, nichts hiervon ohne Berührung
Kann vollziehen und Berührung nicht ohne den Körper, so muß
man
Auch für den Geist und die Seele ein körperhaft Wesen behaup-
ten.
(ebd., 158–167)

Wieder betont Lukrez, dass der Geist die Seele anstößt und die
Seele diesen Stoß an die Glieder weitergibt. Aber zugleich ergibt
sich für ihn daraus ein äußerst aktuelles Argument für den materiellen Charakter von Geist und Seele: Wenn der Geist die
Seele und die Seele die Glieder in Bewegung setzen kann, müssen beide materiell sein. Denn man kann etwas nur in Bewegung
setzen, wenn man es berührt, und Berührung ist nur bei materiellen Dingen möglich.

Welcherlei Körper der Geist nun besitzt und aus welchen Atomen
Dieser besteht, soll weiter mein Vers dir näher erläutern.
Erstlich behaupt' ich, er sei aus den allerfeinsten und kleinsten
Urelementen gebildet. Daß dieses sich also verhalte,
Magst du aus dem folgenden lernen; so daß es dir völlig gewiss
wird.
Nichts in der Welt scheint wohl an Geschwindigkeit irgend zu glei-
chen
Unserem Geist, der im selben Moment, was er denkt, auch schon
anfängt.
Also bewegt sich der Geist viel schneller als irgendwas andres
Aus dem Bereich der Dinge, die unserem Auge sind sichtbar.
Aber nun kann doch ein Ding, das so leicht sich bewegt, nur be-
stehen
Aus ganz kugelig runden und allerkleinsten Atomen,
die beim leichtesten Stoß sofort in Bewegung sich setzen.
(ebd., 177–188)

Wenn Geist und Seele materiell sind, müssen auch sie nach der Grundannahme der antiken Atomisten aus Atomen bestehen. Aber aus welchen? Auch hier mutet Lukrez' Überlegung sehr naturwissenschaftlich an. Die Atome, aus denen Geist und Seele bestehen, müssen sehr klein und sehr beweglich sein. Denn Geist und Seele sind schneller als alles, was es sonst in der Welt gibt. Und sie müssen sehr leicht sein. Denn wenn beim Tod Geist und Seele entweichen, verliert der Körper so gut wie kein Gewicht.

> Drum präge dir ein (ich verkünd' es dir wieder und wieder)
> Daß die Natur wie den Geist so die Seele aus winzigen Keimen
> Schuf, weil, wenn sie entweichen, sich nichts im Gewichte verändert.
>
> (ebd., 228–230)

Lukrez teilt also mit allen antiken Autoren die Auffassung, dass der Tod eines Lebewesens eintritt, wenn die Seele es verlässt. Doch daraus ergibt sich für ihn keine Hoffnung auf ein Weiterleben der Seele nach dem Tod. Denn gerade weil sie so leicht und beweglich sind, verstreuen sich die Atome von Geist und Seele sofort in alle Winde, wenn sie den Körper verlassen haben.

Die Seele wird beim Tode zerstört

Auch für *Platon* ist, wie wir schon gesehen haben, die Verbindung von Seele und Leben völlig selbstverständlich. Doch Platon ist alles andere als ein Materialist. Für ihn ist die Seele zwar das Prinzip des Lebens, aber darüber hinaus ein vom Körper verschiedenes Wesen, das das eigentliche Selbst des Menschen ausmacht, das von ganz anderer Natur ist als der Körper und das sich beim Tode vom Körper lösen kann, um dann ohne ihn weiterzuexistieren. Diese Auffassung wird in besonders eindringlicher Form am Ende des Dialogs *Phaidon* bezeugt, wenn Sokrates den bei ihm ausharrenden Freunden noch einmal versucht klarzumachen, dass nicht *er* es ist, der sterben wird, sondern nur sein Körper.

Platons Auffassung der Seele

> [Kriton an Sokrates gewandt:] „[…] Aber wie sollen wir dich bestatten?" – „Wie immer ihr wollt", sagte Sokrates, „vorausgesetzt, ihr bekommt mich zu fassen und ich bin euch nicht entwischt." Dabei lachte er leise vor sich hin, sah uns an und sagte: „Ich bringe den Kriton einfach nicht dazu zu glauben, daß ich der Sokrates bin, der eben jetzt diskutiert und jede Äußerung richtig einordnet; er glaubt vielmehr, daß ich jener bin, den er ganz bald als Leichnam sehen wird, und fragt dann, wie er mich bestatten soll. Daß ich aber vorhin ausführlich geschildert habe, daß ich nach der Einnahme des Giftes nicht mehr bei euch sein, sondern zu den Freuden der Seligen fortgegangen sein werde, das scheint ihm entgangen und zum Trost

für euch und für mich erzählt worden zu sein. Seid daher ihr meine Bürgen bei Kriton", fuhr er fort, „und leistet ihm eine Bürgschaft genau entgegengesetzt jener, für die er sich bei meinen Richtern verbürgte: Er bürgte nämlich dafür, daß ich dableibe; ihr aber dafür, daß ich, wenn ich gestorben bin, nicht dableibe, sondern dann fortgehen werde. So wird Kriton leichter daran tragen und, wenn er sieht, wie mein Körper verbrannt oder begraben wird, sich nicht wegen mir und als ob mir Schlimmes zustoße grämen. Er wird dann auch bei der Bestattung nicht sagen, es sei Sokrates, den er aufbahrt, den er zu Grabe trägt oder den er begräbt. [...]" (*Phaidon*, 115c2–115e4)

Platons Dualismus Die in dieser Passage enthaltene Auffassung des Menschen und der Seele, von der Sokrates so überzeugt ist, dass er keinerlei Angst mehr vor dem Tod zu haben scheint, ist im Kern *dualistisch*. Denn der Dualismus behauptet nicht nur, dass jeder Mensch außer dem Körper auch eine Seele hat; charakteristisch ist für ihn vielmehr die These, dass Körper und Seele zwei verschiedene Dinge sind, von denen jedes auch ohne das andere existieren kann und die nur für eine gewisse Zeit – während des Lebens auf der Erde – eine enge Verbindung miteinander eingehen und wechselseitig aufeinander einwirken.

Genau genommen lässt sich der Dualismus in seiner klassischen Form, in der er z.B. von Platon vertreten wird, durch die folgenden vier Thesen kennzeichnen:

(1) Der Mensch besteht nicht nur aus einem Körper, sondern aus einem Körper und einer Seele; die Seele ist ein immaterielles Wesen.

(2) Die Seele macht das eigentliche Selbst eines Menschen aus. Sie (und damit der Mensch) ist für ihre Existenz nicht auf den Körper angewiesen.

(3) Körper und Seele des Menschen sind nur während seines Erdenlebens zusammengespannt; beim Tode löst sich die Seele vom Körper.

(4) Während der Körper vergänglich ist, ist die Seele unsterblich. (Zumindest kann sie den Tod des Körpers überleben.)

Da für Platon die Seele ein eigenes vom Körper unabhängiges Wesen ist und da sie außerdem den eigentlichen Menschen ausmacht, ist für ihn die *Möglichkeit* eines Lebens nach dem Tode kein Problem. Im Dialog *Phaidon* versucht er sogar, die Unsterblichkeit der Seele zu beweisen (siehe unten Abschnitt 2.1.1). Das Leben nach dem Tode ist für Platon außerdem äußerst erstrebenswert; denn erst nach dem Tode wird der Mensch nicht mehr durch den Körper an der wahren Erkenntnis der Ideen gehindert.

Während Lukrez und Platon der Meinung sind, dass die Seele irgend eine Art von Ding ist, vertritt *Aristoteles* eine ganz andere Auffassung. Für ihn ist die Seele kein Ding, sondern die Form eines Lebewesens. Was ist damit gemeint? Für Aristoteles besteht jedes Einzelding aus Stoff (*hyle*) und Form (*morphe*). Stoff ist die Materie, aus der etwas besteht – etwa Marmor bei einer Statue; Holz und Eisen bei einer Axt; Steine, Balken und Mörtel bei einem Haus; die geeigneten Organe bei einem Lebewesen. Ein Stück Marmor ist aber noch keine Statue; es wird erst dadurch zu einer Statue, dass ihm (von einem Bildhauer) eine bestimmte Form gegeben wird. Holz und Eisen werden erst dadurch zu einer Axt, dass man das Holz zu einem Stiel formt, das Eisen zu einer Schneide schmiedet und dann Schneide und Stiel so miteinander verbindet, dass etwas entsteht, womit man Holz spalten kann. Entsprechend ist ein Haufen von Steinen, Balken und Mörtel kein Haus; ein Haus entsteht dadurch, dass man Steine mit Hilfe von Mörtel zu Mauern zusammenfügt und aus den Balken ein Dach zimmert, das man auf die Mauern setzt, so dass am Ende Räume entstehen, die vor Wind und Regen Schutz bieten. Lebewesen schließlich sind nicht einfach Ansammlungen von Organen; sie entstehen, wenn die Organe so zusammen arbeiten, dass sich das aus ihnen bestehende Lebewesen ernähren, fortpflanzen, wahrnehmen und sich fortbewegen kann. Statue, Axt, Haus und Lebewesen entstehen also, wenn der jeweilige Stoff eine geeignete Form erhält. Marmor, Holz und Eisen, Steine, Balken und Mörtel und die geeigneten Organe sind nur *potentiell* eine Statue, eine Axt, ein Haus und ein Lebewesen; sie werden erst durch die Form *wirklich* zu einer Statue, einer Axt, einem Haus oder einem Lebewesen.

Sowohl Stoff als auch Form als auch das aus beidem bestehende Einzelding kann man nach Aristoteles ‚Substanz‘ (*ousia*) nennen.

> Wir reden von der Substanz [*ousia*] als von einer bestimmten Gattung dessen, was es gibt, und meinen damit (i) den Stoff, das, was nicht an sich ein ‚Dies‘ ist [Material, nicht ein individuelles Ding irgendeiner bestimmten Sorte; z.B. Holz]; und (ii) die Gestalt oder Form, das, kraft dessen etwas ein ‚Dies‘ genannt wird [die Gestalt oder Struktur, kraft deren irgendein Material, wie z.B. Holz, zu einem bestimmten Ding wird, wie z.B. zu einem Tisch]; und drittens (iii) das aus diesen [Stoff und Form] Zusammengesetzte [z.B. ein hölzerner Tisch]. Nun ist der Stoff Potentialität, die Form aber ist

Aristoteles: Die Seele als Form des lebenden Körpers

> Wirklichkeit [...] (*De anima* II.1.412a3; zitiert nach Ackrill 105, von dem auch die eingefügten Kommentare stammen)

Außerdem ist für Aristoteles klar, dass die Seele Substanz ist. Aber Substanz in welchem Sinne? Ist sie der Stoff eines Lebewesen? Oder seine Form? Oder das aus beidem Zusammengesetzte (das Lebewesen selbst)?

> Es sind in erster Linie die Körper, die für Substanzen gehalten werden, und unter ihnen besonders die natürlichen Körper, da sie die Basis der anderen sind. Unter den natürlichen Körpern besitzen einige Leben, andere dagegen nicht. Mit ‚Leben' meinen wir Ernährung durch sich selbst und Wachstum (und entsprechenden Verfall). Also muss jeder natürliche Körper, der Leben hat, eine Substanz sein, und zwar Substanz als Zusammengesetztes [...]. Aber weil er auch ein Körper einer bestimmten Art ist – nämlich einer, der Leben hat –, kann der Körper nicht *schon selbst* Seele [d. h. Leben] sein, denn der Körper wird nicht einem Subjekt zugeschrieben, sondern viel eher dient er selbst als Subjekt und Stoff [...]. Die Seele muss also Substanz sein, und zwar als *die Form eines natürlichen Körpers, der potentiell Leben hat.*" (*De Anima* II.1.412a11; zitiert nach Ackrill 105f.)

Der lebende Körper (das Lebewesen) ist also Substanz, und zwar im dritten Sinn – Substanz als das aus Stoff und Form zusammengesetzte. Aber der lebende Körper ist nicht die Seele. Denn man sagt vom Körper, dass er beseelt ist und Leben hat, nicht von der Seele. Und es ist die Seele, die dafür sorgt, dass der Körper lebt. Also muss die Seele Substanz im zweiten Sinne sein; sie ist die Form des Lebewesens – das, was dafür verantwortlich ist, dass dieses Wesen lebendig ist.

Aristoteles'
Unterscheidung
von drei Arten der
Seele

Dass ein Wesen lebendig ist, heißt nach Aristoteles, dass es über bestimmte Fähigkeiten verfügt. Es ist aber offenkundig, dass nicht alle Lebewesen über dieselben Fähigkeiten verfügen. Und so unterscheidet Aristoteles drei Arten der Seele: Pflanzen verfügen nur über eine *vegetative* Seele; sie besitzen die Fähigkeiten sich zu ernähren, zu wachsen und sich zu reproduzieren. Tiere besitzen diese Fähigkeiten auch; aber sie können außerdem wahrnehmen, begehren und sich (zielgerichtet) bewegen, sie verfügen über eine *animalische (wahrnehmende)* Seele. Menschen schließlich können alles, was Pflanzen und Tiere können, und darüber hinaus haben sie die Fähigkeit zu denken, sie besitzen auch eine *Vernunftseele*.

Dass für Aristoteles die Seele die Form eines lebendigen Körpers ist, hat zwei wichtige, zusammenhängende Konsequenzen. Erstens ist die Seele *kein* Teil des Körpers in dem Sinne, in dem

Hände und Augen Teile des Körpers sind. Zweitens kann die Seele eben deshalb *nicht unabhängig* vom Körper existieren. (Nur bei einem bestimmten Teil der Vernunftseele, dem *nous poietikos*, finden sich bei Aristoteles Hinweise auf die Annahme, dass dieser Teil der Seele vielleicht doch ohne Körper existieren könne.) Es ist genau wie bei der Fähigkeit der Axt, Holz zu spalten. Auch diese Fähigkeit ist – anders als Stiel und Schneide – kein Teil der Axt. Und natürlich kann sie nicht ohne Stoff, also ohne Holz und Eisen, ohne Stiel und Schneide existieren. Es ist daher kein Wunder, dass für die aristotelisch inspirierte Theologie des Hochmittelalters die Wiederauferstehung des Leibes eine zentrale Rolle spielte. Denn die Seele benötigt einen Körper; ohne Auferstehung des Körpers also kein Leben über den Tod hinaus.

Etwas unklar bleibt bei Aristoteles das Verhältnis der Seele zu den für Lebewesen charakteristischen Fähigkeiten. Ist sie der Inbegriff dieser Fähigkeiten oder ihr Grund? Klar ist nur, dass Aristoteles nachdrücklich die Meinung vertritt, dass sich diese Fähigkeiten nicht mechanisch erklären lassen.

Zur Seelentheorie des Aristoteles vgl. besonders Ackrill, *Aristoteles*, Kap. 3+4.

Descartes (1596–1650) vollzieht in seiner Philosophie einen radikalen Bruch mit einigen Grundannahmen der antiken Seelentheorie. Er bestreitet nachdrücklich die antike Gleichsetzung von Seele und Leben. Dies zeigt sich sehr deutlich daran, dass Descartes die nacharistotelische Physiologie, die antike Erklärung der einzelnen Lebensvorgänge strikt ablehnt. Für die von Aristoteles geprägten Wissenschaften galt, dass nicht nur die für Menschen charakteristischen Fähigkeiten, dass vielmehr alle Lebensvorgänge *nicht* mechanisch erklärt werden können. Eine Erklärung für diese Vorgänge könne nur in der Seele bzw. in von der Seele ausgehenden Kräften gefunden werden. Noch *Jean Fernel* (1506-1588) schreibt in seinem einflussreichen Werk *Universa medicina*: „Die Leistungen des Körpers gehen nicht von sich selbst noch vom Körper aus". Und: „Die Ursache für die Verrichtungen des Körpers ist die Seele" (Liber V, Capitel 1 – zitiert nach Rothschuh, *Einleitung* in Descartes, *Über den Menschen*, S. 17). Im Einzelnen beruht Fernels Physiologie, die in ihren Grundzügen noch auf die antike Theorie *Galens** (129–199) zurückgeht, auf der Annahme dreier relativ unabhängiger anatomisch-physiologischer Teilsysteme. Er unterscheidet das Venensystem, das sein Zentrum in

Descartes' Bruch mit der Antike

der Leber hat und das in erster Linie für Ernährung und Wachstum zuständig ist, das arterielle System mit dem Herzen als Zentrum, das den vitalen Funktionen dient, und das Nervensystem, dessen Zentrum das Gehirn ist und das unter anderem für die Sinneswahrnehmung und die willkürlichen Bewegungen verantwortlich ist.

Ein guter Einstieg in die Physiologie zu Zeiten Descartes' und in Descartes' eigene Auffassungen über Bau und Funktionsweise des Körpers findet sich in der Einführung von K.E.Rothschuh zu seiner Übersetzung von Descartes' *Traité de l'homme*. Rothschuh schreibt dort unter anderem, dass Fernels Werk *Universa medicina*, das erstmals 1542 veröffentlicht wurde, bis ins 17. Jahrhundert hinein nicht weniger als 46 mal im Druck erschien und dass man sicher davon ausgehen kann, dass Descartes dieses Werk kannte.

Die Einzelheiten der von Fernel vertretenen Physiologie sind hier jedoch nicht wichtig. Entscheidend für das Verständnis des Neuansatzes von Descartes ist vielmehr die Tatsache, dass nach Fernel die physiologischen Vorgänge in einem lebenden Wesen nicht rein körperlicher Natur sind, sondern durch eine große Anzahl von Kräften und Vermögen in Gang gehalten werden, die von der Seele ausgehen. Jeder einzelne der gerade skizzenhaft angesprochenen Prozesse geht auf die Seele und ihre Vermögen zurück, die man gewissermaßen als Werkzeuge der Seele verstehen kann. Den drei physiologischen Teilsystemen entsprechen zunächst drei Hauptvermögen der Seele: die *facultas animae naturalis*, die für Ernährung, Wachstum und Zeugung verantwortlich ist, die *facultas animae vitalis* und die *facultas animae animalis*, die unter anderem Wahrnehmen und willkürliche Bewegung ermöglichen. Der *facultas animae naturalis* zum Beispiel stehen dann weiter vier helfende Vermögen zur Seite: die *facultas attrahens*, die *facultas expellens*, die *facultas continens* und die *facultas concoquens*, die für Assimilation, Wachstum und Ausscheidung verantwortlich sind. Die Bewegung der Glieder dagegen geht zurück auf ein eigenes Vermögen der Bewegung: die *facultas movendi*. Jeder physiologische Vorgang in einem lebenden Körper wird durch ein spezielles Vermögen oder durch eine spezielle Kraft erklärt.

> Die facultas begründet jede Aktivität, sie ist zugleich die Quelle der Finalität, der Zweckhaftigkeit. [...] Die Vermögen sind die Ursachen der *Funktionen*; diese – z.B. die Atmung – sind zugleich Werkzeug und ausführendes Instrument. So gehören die Organe der Nah-

rungsaufnahme, der Verdauung (Kochung) und Verwandlung in Chylus zum *‚natürlichen Vermögen‘*. Der Chylus geht über die Pfortader zur Leber, die ihn ansaugt. Dort entsteht daraus das Blut. Ein jeweils besonderes anziehendes Vermögen der Glieder entnimmt das Passende aus dem Blut zur Ernährung der Teile [...] Die Nieren ziehen das Auszuscheidende aus dem Blut an. (Rothschuh, *Einleitung* in Descartes, *Über den Menschen*, 19)

Für Descartes dagegen ist die Annahme spezieller Vermögen und Kräfte der Seele zur Erklärung der vitalen Vorgänge in einem Lebewesen weder sinnvoll noch notwendig. Sie ist nicht sinnvoll: Denn diese speziellen Vermögen und Fähigkeiten erklären nichts; sie bezeichnen eher Lücken der Erklärung. (So macht sich ja auch *Molière* in *Der eingebildete Kranke* über die Antwort der Ärzte lustig, die einschläfernde Wirkung des Opiums beruhe auf einer *vis dormitiva*.) Und sie ist auch nicht notwendig: Denn seiner Meinung nach sind alle Vorgänge in einem lebenden Körper ebenso *mechanisch* erklärbar wie die Ereignisse in der unbelebten Natur. Descartes bezieht im Hinblick auf Biologie und Physiologie also einen entschieden materialistischen Standpunkt. Die überkommene Zweiteilung der Natur in einen belebten und einen unbelebten Bereich lässt er nicht mehr gelten. Der Unterschied zwischen lebenden und unbelebten Wesen ist für ihn kein *grundsätzlicher*, sondern höchstens eine *gradueller* Unterschied. Descartes zufolge sind auch alle Lebensvorgänge – wie das Wachstum, die Bewegung, die Wahrnehmung und die Fortpflanzung der Pflanzen und Tiere – rein mechanische Vorgänge, die sich aufgrund der in der ganzen Natur in gleicher Weise geltenden Gesetze allein aus dem Aufbau und der Anordnung der in einem Lebewesen enthaltenen Teile ergeben. Lebewesen sind keine Wesen eigener Art. Und dementsprechend unterscheiden sich die belebten von den unbelebten Wesen für Descartes auch nicht dadurch, dass die belebten und nur die belebten Wesen eine Seele haben. Der Unterschied, der zwischen einem lebenden und einem toten Wesen besteht, ist vielmehr der gleiche, der zwischen einer funktionsfähigen und einer nicht mehr funktionsfähigen – also einer defekten – Maschine besteht. Descartes' naturphilosophische Grundüberzeugung ist also, dass die *gesamte* Natur – d.h. die organische ebenso wie die unorganische Natur – von denselben mechanischen Prinzipien beherrscht wird und dass demzufolge alle Phänomene der natürlichen Welt allein aus der Gestalt, Konfiguration und Bewegung der an ihnen beteiligten Körper oder Körperteile erklärt werden können.

Nach Descartes lassen sich alle Lebensvorgänge mechanisch erklären

In Descartes' Theorie der belebten Natur ist kein Platz mehr für eine Seele. Doch damit stellt sich die Frage nach Natur und Existenz zumindest der menschlichen Seele völlig neu. Für die Antike war die Antwort auf diese Frage noch selbstverständlich. Dort konnte man einfach argumentieren: Natürlich gibt es eine Seele; denn offensichtlich gibt es einen Unterschied zwischen belebten und unbelebten Dingen, und die Seele ist das, was für diesen Unterschied verantwortlich ist. Für Descartes ist diese Argumentation nicht mehr möglich. Seiner Meinung nach lässt sich der Unterschied zwischen dem Belebten und dem Unbelebten auch ohne Bezugnahme auf eine Seele erklären. Was aber spricht dann noch für die Existenz der Seele? Muss man, wenn Descartes mit seinen physiologischen Grundannahmen Recht hat, nicht zu dem Schluss kommen, dass nicht nur der menschliche Körper, sondern der *ganze Mensch* als eine Maschine aufgefasst werden kann? Der Titel *L'homme machine* des allerdings erst 100 Jahre nach dem Tod Descartes' erschienenen Buches von *Julien Offray de La Mettrie* (1709–1751) scheint die Richtung anzugeben, in die der von Descartes in Gang gesetzte Theorienwandel notwendig zu führen scheint.

Descartes war sich über die möglichen Konsequenzen, die sich aus seiner mechanistischen Deutung des Lebens für die Frage nach der Existenz der Seele ergeben konnten, durchaus im Klaren. Doch er will an der Annahme der Existenz zumindest der menschlichen Seele auf jeden Fall festhalten, und er versucht daher, diese Konsequenzen zu vermeiden. Damit ist Descartes gezwungen, dem Begriff der Seele einen neuen Inhalt zu geben und zugleich neue Argumente für die Existenz der Seele beizubringen.

Descartes' neuer Begriff der Seele

Ein neuer Inhalt für den Begriff der Seele ergibt sich für Descartes, indem er das Denken oder Bewusstsein (*cogitatio*) zur wesentlichen Eigenschaft der Seele erklärt und im Begriff der *res cogitans* Seele und Denken bzw. Seele und Bewusstsein geradezu gleichsetzt. Den Übergang von der traditionellen zur Descartesschen Theorie der Seele könnte man daher auch mit der einfachen Formel beschreiben: von der *psyche* zur *res cogitans*. Doch dieser neue Begriff löst Descartes' Probleme noch nicht. Denn auch für das Denken oder Bewusstsein könnte man in Weiterführung der Grundgedanken der Descartesschen Physiologie nach einer mechanistischen Erklärung suchen. Descartes versucht deshalb zu zeigen, dass eine solche Erklärung nicht möglich ist, d.h., er versucht nachzuweisen, dass Denken kein körperliches Phänomen sein kann. Für diesen Nachweis verwendet er im Wesentlichen zwei Argumente: ein metaphysisches und ein naturphilosophisches. Beide Argumente werden im Folgenden noch ausführlich zur Sprache kommen (siehe unten Abschnitt 2.1.2).

Hier sei allerdings schon festgehalten, dass trotz seines Bruchs mit der Antike Descartes' Position zum Leib-Seele-Problem der Platons äußerst ähnlich ist. Auch für ihn hat jeder Mensch außer einem Körper auch eine Seele. Auch für Descartes ist die Seele eines Menschen eine von seinem Körper verschiedene immaterielle Substanz*, die ohne den Körper nach dessen Tod weiter existieren kann. Und schließlich denkt auch Descartes, dass die Seele das wirkliche Selbst des Menschen ausmacht; eigentlich ist es für Descartes nicht der Mensch, sondern seine Seele, die denkt, wahrnimmt, erinnert, entscheidet, usw.

Auch Descartes ist bzgl. der Seele ein Dualist

1.2 Die Hauptaspekte des Leib-Seele-Problems

Die bisherigen Überlegungen haben deutlich gemacht, dass man im Hinblick auf die Frage nach dem Verhältnis des Mentalen zum Physischen zunächst einmal zwischen *Dualismus* und *Naturalismus* bzw. *Physikalismus* unterscheiden muss. Der Dualist vertritt die These, dass das Mentale ein *ontologisch eigenständiger* Bereich ist, der nicht auf den Bereich des Physischen zurückgeführt werden kann. Der *Naturalist* oder *Physikalist* dagegen behauptet, dass das Mentale auf das Physische reduziert werden kann.

Dualismus vs. Naturalismus oder Physikalismus

In der Geschichte der Philosophie wurden diese beiden Positionen meistens als Thesen über die Existenz einer vom Körper unabhängigen Seele verstanden. *Substanzdualisten* vertreten die Auffassung, dass jeder Mensch neben dem Körper auch eine Seele besitzt und dass diese Seele eine immaterielle vom Körper unabhängige Substanz ist, die das eigentliche Selbst des Menschen ausmacht und die auch ohne den Körper nach dessen Tod weiter existieren kann. *Substanzphysikalisten* dagegen meinen, dass der Mensch, wie alle anderen Lebewesen, ein durch und durch physisches Wesen ist und dass es keine vom Körper unabhängige immaterielle Seele gibt.

Substanzdualismus vs. Substanzphysikalismus

Wie insbesondere an der Position Aristoteles' deutlich wird, besteht das Leib-Seele-Problem aber nicht nur aus der Frage nach der Existenz einer vom Körper unabhängigen Seele. Aristoteles war zwar der Meinung, dass die Seele kein Ding ist, sondern das,

Eigenschaftsdualismus vs. Eigenschaftsphysikalismus

was Lebewesen die Fähigkeiten verleiht, die sie von unbelebten Dingen unterscheiden. Aber zugleich war er zutiefst davon überzeugt, dass es für diese Fähigkeiten keine rein physische Erklärung gibt. Auch wer eine immaterielle Seele leugnet, kann also immer noch der Meinung sein, dass sich *mentale Fähigkeiten* und *Eigenschaften* – wie etwa die Eigenschaften wahrzunehmen, zu denken, sich zu erinnern, Schmerz oder Freude zu empfinden – nicht auf die physischen Eigenschaften von Lebewesen zurückführen lassen. Man muss daher nicht nur Substanzdualisten von Substanzphysikalisten unterscheiden, sondern auch Eigenschaftsdualisten von Eigenschaftsphysikalisten. Für *Eigenschaftsdualisten* sind mentale Eigenschaften in dem Sinne ontologisch selbständig, dass sie weder selbst physische Eigenschaften sind noch auf solche Eigenschaften reduziert werden können. *Eigenschaftsphysikalisten* dagegen meinen, dass mentale Eigenschaften allem Anschein zum Trotz doch physische Eigenschaften oder auf solche Eigenschaften reduzierbar sind.

Die These des Substanzdualismus hatte, wie wir schon gesehen haben, historisch eine wesentlich größere Bedeutung als die des Eigenschaftsdualismus. Sie ist ja auch für unser Alltagsweltbild viel relevanter. Denn nur wenn der Substanzdualismus wahr ist, scheint es eine Aussicht für ein Leben nach dem Tode zu geben (es sei denn, man glaubt an die Auferstehung des Fleisches). In der gegenwärtigen Philosophie wird jedoch das Problem des Eigenschaftsdualismus mindestens ebenso ernsthaft diskutiert. Deshalb sollen beide Probleme im Folgenden ausführlich behandelt werden.

Hauptpositionen

Substanzdualismus
Jeder Mensch hat neben dem Körper auch eine Seele; diese Seele ist eine immaterielle, vom Körper unabhängige Substanz, die das eigentliche Selbst des Menschen ausmacht und die auch ohne den Körper nach dessen Tod weiter existieren kann.

Substanzphysikalismus
Der Mensch ist wie alle anderen Lebewesen ein durch und durch physisches Wesen; es gibt keine vom Körper unabhängige immaterielle Seele.

Eigenschaftsdualismus
Mentale Eigenschaften sind in dem Sinne ontologisch selbstständig, dass sie weder selbst physische Eigenschaften sind noch auf solche Eigenschaften reduziert werden können.

Eigenschaftsphysikalismus
Mentale Eigenschaften sind allem Anschein zum Trotz doch physische Eigenschaften oder auf physische Eigenschaften reduzierbar.

2 Das Problem mentaler Substanzen

2.1 Argumente für den Substanzdualismus

Der Substanzdualismus ist, wie schon gesagt, durch die folgenden Thesen charakterisiert: Die Thesen des Substanzdualismus

(1) Der Mensch besteht nicht nur aus einem Körper, sondern einem Körper und einer Seele; die Seele ist ein immaterielles Wesen.

(2) Die Seele macht das eigentliche Selbst eines Menschen aus. Sie (und damit der Mensch) ist für ihre Existenz nicht auf den Körper angewiesen.

(3) Körper und Seele des Menschen sind nur während seines Erdenlebens zusammengespannt; beim Tode löst sich die Seele vom Körper.

(4) Während der Körper vergänglich ist, ist die Seele unsterblich. (Zumindest kann sie den Tod des Körpers überleben.)

Die Überzeugung, dass der Körper eines Menschen nicht den ganzen Menschen ausmacht, dass jeder Mensch vielmehr auch eine Seele hat, die zumindest im Prinzip den Tod des Körpers überleben kann, ist in vielen Kulturkreisen so verbreitet, dass man selbst in der Philosophie lange Zeit nur wenige explizite Argumente für sie findet. Gerade in letzter Zeit haben jedoch eine Reihe von Autoren dieses Problem neu aufgegriffen. (Siehe beispielsweise Swinburne 1984, 1986, 1994 und Foster 1991. Zu Swinburnes Argumenten vgl. Beckermann 2008, 37–42) Dennoch müssen bis heute die Argumente von Platon und Descartes als die klassischen Argumente für den Substanzdualismus gelten.

2.1.1 Platons Argumente für die Unsterblichkeit der Seele

Platon argumentiert im *Phaidon* allerdings nicht für alle Thesen des Substanzdualismus. Die eigentlich interessanten ersten beiden Grundsätze werden von ihm kaum angesprochen; im Mit- Platons Argumente für die Unsterblichkeit der Seele telpunkt seiner Überlegungen steht der vierte Grundsatz, die *Annahme der Unsterblichkeit der Seele.* Für diese Annahme führt er insgesamt vier Argumente an.

 Gute Darstellungen dieser Argumente finden sich in Gallop 1980, Patzig 1982, Bostock 1986 und Frede 1999.

Das zyklische Argument

Das erste dieser Argument ist das *zyklische Argument* (*Phaidon*, 70d–72e). Wenn etwas entsteht, so Platon, entsteht es aus seinem Gegenteil: das Schöne aus dem Hässlichen, das Gerechte aus dem Ungerechten, das Kleinere aus dem Größeren, das Stärkere aus dem Schwächeren. Wenn das so ist, muss es aber zu jedem Prozess, der von *A* zum Gegenteil von *A* – sagen wir *B* – führt, auch einen entgegengesetzten Prozess geben, der von *B* zu *A* führt. Denn wäre dies nicht so, wäre im Laufe der Zeit alles *B* und jede Entwicklung käme an ein Ende. Nun ist es mit dem Sterben nach Platon ähnlich wie mit dem Schlafen; der Schlaf entsteht aus dem Wachen, das Wachen aus dem Schlafen. Diese Übergänge nennen wir Einschlafen und Aufwachen. Dem Einschlafen entspricht das Sterben: der Übergang vom Leben zum Totsein. Aber so wie es zum Einschlafen das Aufwachen gibt, muss es auch zum Sterben das Gegenteil geben: das Wiederaufleben. Denn ansonsten, das hatten wir schon gesehen, gäbe es nach einer gewissen Zeit überhaupt kein Leben mehr. Nun ist aber das Sterben nichts anderes als die Trennung der Seele vom Körper, also kann das Wiederaufleben nur darin bestehen, dass die Seele wieder in den (bzw. in einen) Körper eintritt. Die Seelen der Menschen müssen sich daher nach dem Tode irgendwo aufhalten, damit sie von dort wieder in einen Körper zurückkehren können.

Kritik am ersten Argument

Offenbar hat dieses Argument eine ganze Reihe von Schwächen. *Erstens* zeigt es nicht wirklich das, was es zeigen soll. Denn dass *jede* Seele unsterblich ist, würde aus ihm nur unter der Voraussetzung folgen, dass es eine bestimmte Anzahl (potentieller) Menschen gibt, die nicht geringer werden kann. *Zweitens* ist Platons Annahme, dass es zu jedem Prozess einen Umkehrprozess geben muss, offensichtlich falsch. Der Prozess des Alterns kann nicht rückgängig gemacht, ein einmal gesprochenes Wort nicht zurückgenommen werden. Wenn die Physik recht hat, ergibt sich aus dem Entropiesatz sogar, dass die gesamte Welt irgendwann einmal den ‚Wärmetod‘ sterben wird. Außerdem: Selbst wenn es zu einem Prozess einen Gegenprozess gibt, findet dieser keineswegs immer statt. Wer krank wird, kann gesund werden, muss es aber nicht. Wer im Koma liegt, kann wieder aufwachen, muss es aber nicht. *Drittens* schließlich krankt Platons Gedankengang daran, dass das Wort ‚werden‘ auf zwei ganz verschiedene Weisen verwendet wird. Die Beispiele, die er anführt (schön/hässlich, gerecht/ungerecht, klein/groß, stark/schwach), beziehen sich alle auf Fälle, in denen ein (schon existierender) Gegenstand in dem Sinne (etwas) wird, dass er eine Eigenschaft erwirbt, die er vorher nicht hatte. Und in diesen Fällen ist es durchaus verständlich, dass dieser Gegenstand vorher die ‚gegenteilige‘ Eigenschaft gehabt haben muss. Was schön wird, muss vorher nicht-schön (hässlich) gewesen sein; was groß wird, muss vorher nicht-groß (klein) gewesen sein; usw. Neben dieser Art von ‚Werden‘ gibt es aber auch noch ein ganz anderes Werden – das Werden im Sinne von ‚Entstehen‘. Und wenn etwas in diesem Sinne wird, muss es nicht vorher schon existiert oder gar eine ‚gegenteilige‘ Eigenschaft gehabt haben. (Was sollte das in diesem Fall überhaupt heißen?) Wenn jemand geboren, also lebendig wird, dann ist das offenbar nicht so zu verstehen, dass er schon vorher existiert hat und bei der Geburt nur eine Eigenschaft erwirbt, die er vorher nicht hatte. Vielmehr entsteht er in diesem Augenblick erst. Und dies ist ein Vorgang, der gar nicht so aufgefasst werden kann, dass hier etwas *aus seinem Gegenteil* wird. Auch wenn das Geborenwerden im Sinne Platons als ein Prozess verstanden wird, in dem ein Körper mit einer Seele vereint wird, ist es durchaus möglich, dass beide bei der Geburt erst neu entstehen. Wenn das möglich ist, würde aber aus der Tatsache, dass auch die Seele nicht unsterblich ist, keineswegs folgen, dass in absehbarer Zeit alles menschliche Leben erloschen sein wird.

Platons zweites Argument – das Argument der *Erinnerung* – beruht auf der Überzeugung, dass jeder Mensch über Wissen verfügt, das er nur vor seiner Geburt erworben haben kann (*Phaidon*, 72e–77a). Schon im Dialog *Menon* hat Platon gezeigt, dass man einen Sklaven, der über keinerlei mathematische Ausbildung verfügt, durch bloßes Fragen zur richtigen Antwort auf die Frage bringen kann, wie lang die Seite eines Quadrats sein muss, dessen Flächeninhalt doppelt so groß sein soll wie der eines vorgegebenen Quadrats („So lang wie die Diagonale dieses vorgegebenen Quadrats"). Wie sollte dies möglich sein, so Platon, wenn der Sklave nicht zuvor schon über Einsicht in fundamentale mathematische Zusammenhänge verfügt? Im *Phaidon* gibt Platon diesem Argument eine andere Richtung. Offenbar, so argumentiert er, können wir den Begriff des Gleichen nicht aus

Das Argument der Erinnerung

der Erfahrung gewonnen haben; denn auch wenn zwei wahrnehmbare Dinge tatsächlich gleich sind, werden sie doch dem einen gleich, dem anderen ungleich erscheinen. Für das Gleiche selbst – die Idee des Gleichen[1] – gilt dies aber nicht: Das Gleiche selbst erscheint jedem und unter allen Umständen gleich. Wenn das Gleiche selbst aber Eigenschaften hat, die kein Paar von wahrnehmbaren Dingen hat, und wenn wir trotzdem das Gleiche selbst kennen – wofür Platon ein eigenes Argument anführt –, dann können wir diese Kenntnis nur vor unserer Geburt erworben haben, und zwar dadurch, dass wir vor der Geburt mit dem Gleichen selbst bekannt geworden sind.

Kritik am zweiten Argument

Auch dieses – schwer zu verstehende – Argument ist sicher angreifbar. Erstens würde, selbst wenn es schlüssig wäre, aus ihm nämlich nur folgen, dass die Seele *eine gewisse Zeit* vor der Geburt eines Menschen existiert haben muss, nicht aber, dass sie unsterblich ist. Zweitens ist aber auch die Schlüssigkeit des Arguments selbst zweifelhaft. Platon setzt voraus, dass wir, wenn wir zwei gleiche Dinge sehen, (a) durch diese Dinge an das Gleiche selbst erinnert werden und (b) dabei feststellen, dass die Gleichheit dieser Dinge in gewisser Weise hinter der Gleichheit des Gleichen selbst zurückbleibt. Aber warum sollte das so sein? Welche Funktion hat das Gleiche selbst überhaupt? Bostock zufolge geht Platon davon aus, dass keine zwei wahrnehmbaren Dinge uneingeschränkt gleich sind; sie sind immer auch in gewisser Weise ungleich. Für Platon ist auch kein wahrnehmbares Ding uneingeschränkt schön und keine Handlung uneingeschränkt gerecht; was schön ist, ist immer auch in gewisser Weise hässlich, und was gerecht ist, immer auch in gewisser Weise ungerecht. Wir können die Begriffe des Gleichen, des Schönen und des Gerechten, so Bostock, aber nur anhand von Beispielen erwerben, die uneingeschränkt gleich, uneingeschränkt schön bzw. uneingeschränkt gerecht sind. Also können wir sie nur durch Kenntnis des Gleichen selbst, des Schönen selbst und des Gerechten selbst erwerben. Doch diese These über den Erwerb bestimmter Begriffe ist keineswegs zwingend. Schließlich ist es eine empirische Tatsache, dass es im Hinblick auf die von Platon genannten Beispiele ein

---

[1] Ideen im Sinne Platons sind keine Vorstellungen; sie sind keine mentalen, sondern abstrakte Gegenstände. Die Idee des *F* hat nach Platon folgende Eigenschaften: 1. Sie ist nicht wahrnehmbar, nicht körperlich, nur dem Denken zugänglich. 2. Sie ist ewig und unveränderlich. 3. Sie ist realer als alle wahrnehmbaren Dinge. 4. Sie ist selbst vollkommen und uneingeschränkt *F*. 5. Wahrnehmbare Dinge haben die Eigenschaft *F*, weil und insofern sie an der Idee des *F* teilhaben.

Mehr oder Weniger gibt: Zwei Dinge können mehr oder weniger gleich, etwas kann mehr oder weniger schön, eine Handlung mehr oder weniger gerecht sein. Und dies legt den Gedanken nahe, dass wir die genannten Begriffe durch Konstruktion eines idealen Grenzwerts fortschreitender Annäherung gewinnen. „Eine Reihe von Paaren von empirischen Gegenständen abnehmender Ungleichheit liefert uns die Erfahrungsbasis einer Progression, deren Grenzwert wir als ‚absolute Gleichheit' definieren. Die Bekanntschaft mit einem Super-Gegenstandspaar, das absolut gleich wäre, brauchen wir für diese Begriffsbildung nicht." (Patzig 1982, 40) Es gibt also eine Alternative zur Platonischen Ideenschau, und das berechtigt zumindest zu erheblichen Zweifeln an der zentralen Prämisse der Platonischen Argumentation.

Das dritte Argument ist das Argument von der *Verwandtschaft* der Seele mit der Welt der Ideen (*Phaidon*, 77b–84b). Platon unterscheidet zwei Seinsbereiche – den Bereich des Intelligiblen, dessen, was unsichtbar ist, was sich immer gleich bleibt, was nur dem Denken zugänglich ist, was unsterblich ist und sich nicht auflösen kann, und den Bereich des Empirischen, dessen, was wahrnehmbar ist, was sich ständig verändert, was sich auflösen kann und eben deshalb sterblich ist. Zum ersten Bereich gehören z.B. die Ideen, zum zweiten alle Dinge der Sinnenwelt. Nun ist die Seele unsichtbar; also ist sie den Dingen des ersten Bereichs ähnlich. Der Körper dagegen ist sichtbar, gehört also eher in den zweiten Seinsbereich. Dies zeigt sich auch daran, dass die Seele, so Platon, an den Ideen interessiert ist, der Körper dagegen an der empirischen Welt der vergänglichen Dinge. Wenn die Seele eher den Dingen ähnelt, die zum Bereich des Intelligiblen gehören, wird sie sich – wie alles, was zu diesem Bereich gehört – wohl nicht auflösen und nicht zugrunde gehen.

Das Argument von der Verwandtschaft der Seele mit der Welt der Ideen

Auch dieses Argument ist nicht sehr überzeugend. Wie groß ist die Ähnlichkeit der Seele zu dem, was zum Bereich des Intelligiblen gehört, tatsächlich? Ist die Seele nicht doch veränderlich? Ist jedes Zugrundgehen ein Sich-Auflösen? Welche Gründe gibt es für die Annahme, dass alles, was zum Bereich des Intelligiblen gehört, nie zugrunde geht?

Kritik am dritten Argument

Vielleicht das größte Gewicht hat Platons viertes Argument, das Argument von der *Seele als Prinzip des Lebens* (*Phaidon*, 103c–107b). Dieses Argument beruht auf zwei Grundannahmen:

Das Argument von der Seele als Prinzip des Lebens

(1) Auf die Frage, warum ein Gegenstand eine Eigenschaft hat, ist die vernünftigste Antwort, dass er an der entsprechenden Idee teilhat.

Etwas ist groß, weil es an der Idee der Größe teilhat, gut, weil es an der Idee des Guten teilhat, etc.

(2) Die Seele ist das Prinzip des Lebens.

Nichts kann leben, das keine Seele hat, und alles, was eine Seele hat, lebt. Ausgehend von diesen Grundannahmen argumentiert Platon nun folgendermaßen:

(3) Ideen von Gegensätzen schließen einander aus.

Die Idee des Großen kann nicht klein, die Idee des Schönen nicht hässlich und die Idee des Warmen nicht kalt sein.

(4) Einige Dinge sind notwendig* mit einer von zwei entgegengesetzten Eigenschaften – und damit mit einer von zwei entgegengesetzten Ideen – verknüpft; die andere Eigenschaft schließen sie aus.

Feuer ist notwendig warm; es kann nicht die Eigenschaft der Kälte annehmen, ohne aufzuhören zu existieren. Schnee ist notwendig kalt; er kann nicht die Eigenschaft der Wärme annehmen, ohne aufzuhören zu existieren. Die Zahl 3 ist notwendig ungerade, sie kann nicht gerade werden.

(5) Feuer ist nicht nur selbst notwendig warm; es bringt auch überall, wo es hinkommt, die Eigenschaft der Wärme mit.

Da Leben und Tod einander ausschließen, und da die Seele aufgrund von (2) überall, wo sie hinkommt, die Eigenschaft des Lebens mitbringt, wird also wohl auch gelten:

Die Seele hat notwendig teil an der Idee des Lebens

(6) Die Seele ist notwendig mit der Eigenschaft des Lebens verknüpft, d.h. sie hat notwendig an der Idee des Lebens teil.

Hier liegt offenbar ein erster schwacher Punkt des Arguments. Denn zur Begründung von (6) benötigt Platon nicht nur Beispiele wie (5), sondern den allgemeinen Grundsatz:

(7) Wenn etwas allen „Gegenständen, denen es innewohnt, Anteil an einer Idee F vermittelt und die Teilhabe an einer dieser entgegengesetzten Idee F verhindert, so kann dieses Vermittelnde erst recht die Idee F nicht in sich aufnehmen." (Patzig 1982, 44)

Und dieser Grundsatz ist sicher fraglich. Alkohol z.B. macht betrunken, ist selbst aber weder betrunken noch nüchtern, und ein Virus bringt eine Krankheit, muss deshalb aber selbst nicht krank sein (wenn es überhaupt einen Sinn hat, so zu reden).

Noch kritischer ist jedoch ein anderer Punkt. Aus der Tatsache, dass die Seele notwendig mit der Idee des Lebens verknüpft ist, schließt Platon nämlich:

(8) Die Seele ist unsterblich.

Dieser Schluss ist in der Tat unbedenklich, wenn man das Wort ‚unsterblich' so versteht, wie Platon dies ausdrücklich tut: Unsterblich ist, was notwendig lebendig ist. So verstanden folgt aus der Unsterblichkeit der Seele jedoch nicht ihre Unvergänglichkeit. Denn, dass Feuer notwendig warm und Schnee notwendig kalt sind, bedeutet nicht, dass Feuer und Schnee unvergänglich wären. Es bedeutet nur, dass Feuer immer warm und Schnee immer kalt sind, *solange sie existieren.* Selbst wenn die Seele notwendig mit der Idee des Lebens verbunden (und daher in diesem Sinne unsterblich) wäre, würde daraus also nicht folgen, dass die Seele unvergänglich ist, sondern nur, dass die Seele immer lebendig ist, *solange sie existiert.*

Platon lässt Sokrates deshalb ganz konsequent sagen: „Wenn uns zugestanden wird, daß [das Unsterbliche] auch unzerstörbar ist, dann wäre die Seele zusätzlich zu ihrem Unsterblichsein wohl auch unzerstörbar. Wenn aber nicht, dann wäre ein anderes Argument nötig." Doch dann lässt er Kebes, den Dialogpartner Sokrates', unwidersprochen antworten: „Aber wegen dieses Punktes ist keines nötig." Und als Begründung lässt er Kebes anfügen: „Denn was sonst sollte wohl vom Verderben verschont bleiben, wenn das Unsterbliche, *was ja immerwährend ist,* das Verderben annimmt." (*Phaidon* 106c9–d4 – meine Hervorh.) Wie die hervorgehobene Passage zeigt, liegt der Grund dafür, dass Kebes – und vielleicht auch Platon – hier plötzlich keinen Argumentationsbedarf mehr sieht, darin, dass er wie selbstverständlich davon ausgeht, dass das Unsterbliche auch unzerstörbar ist („das Unsterbliche, *was ja immerwährend ist*'). Und dies hat seinen Grund wohl darin, dass er ‚unsterblich' jetzt doch wieder im alltagssprachlichen Sinne versteht; denn in *diesem* Sinn ist sicher alles, was unsterblich ist, auch unzerstörbar und daher unvergänglich, d.h. ewig. Der Schluss von der These (8) auf die These

(9) Die Seele ist unvergänglich

scheint also auf einer begrifflichen Konfusion zu beruhen. Platon hatte bisher (wenn überhaupt) nur gezeigt, dass die Seele in dem Sinne unsterblich ist, dass sie notwendig lebendig ist, solange sie existiert. Aber aus der Unsterblichkeit in diesem Sinne folgt eben nicht die Unsterblichkeit im alltagssprachlichen Sinn.

Allerdings ist auch Platon etwas unwohl bei diesem Stand der Argumentation. Sokrates setzt jedenfalls nach der Antwort von Kebes noch einmal an und fügt hinzu: „Gott jedenfalls [...] und die Idee selber des Lebens und wenn es sonst noch Unsterbliches gibt, davon würde wohl, so denke ich, von allen zugegeben werden, daß sie nicht vergehen." (*Phaidon* 106d5–7) Auch in dieser Passage wird jedoch zunächst nur darauf verwiesen, dass es eine allgemeine Übereinstimmung darin gibt, dass das Unsterbliche unvergänglich ist. Man kann diese Passage – etwas gegen den Wortlaut des Textes – jedoch auch als Analogieschluss* lesen: Offenbar sind Gott und die Idee des Lebens, die beide unsterblich sind, unvergänglich. Also wird wohl auch alles andere, was unsterblich ist, unvergänglich sein. Doch dies wäre ganz offensichtlich ebenfalls kein besonders zwingendes Argument.

Platons vier Argumente für die Unsterblichkeit der Seele
1. *Der Zyklus von Entstehen und Vergehen.* Zu jedem Prozess, der von *A* zu *B* – dem Gegenteil von *A* – führt, muss es einen entgegengesetzten Prozess geben, der von *B* wieder zu *A* führt – zum Sterben also den Prozess des Wiederauflebens. Sterben bedeutet aber nichts anderes als die Trennung der Seele vom Körper; also muss das Wiederaufleben darin bestehen, dass die Seele wieder in den Körper eintritt. Die Seelen der Menschen müssen sich daher nach dem Tode irgendwo aufhalten, damit sie von dort wieder in einen Körper zurückkehren können.
2. *Erinnerung.* Die Seele muss schon vor der Geburt existiert haben, da wir über Wissen verfügen, das wir nur vor der Geburt (durch Schau der Ideen) erworben haben können.
3. *Verwandtschaft.* Die Seele ähnelt eher den Dingen, die zum Bereich des Intelligiblen gehören, dem Bereich dessen, was unsichtbar ist, was sich immer gleich bleibt, was nur dem Denken zugänglich ist, was unsterblich ist und sich nicht auflösen kann. Daher wird sie sich – wie alles, was zu diesem Bereich gehört – wohl nicht auflösen und nicht zugrunde gehen.
4. *Die Seele als Lebensprinzip.* So wie das Feuer allem, dem es innewohnt, Wärme verleiht, so verleiht die Seele allem, wovon sie Besitz ergreift, Leben. Wenn etwas allen Gegenständen, denen es innewohnt, Anteil an der Idee *F* vermittelt und deren Teilhabe an der entgegengesetzten Idee *F'* verhindert, dann kann dieses Vermittelnde selbst erst recht die Idee *F'* nicht in sich aufnehmen. Also ist die Seele unsterblich.

2.1.2 Descartes' Argumente für die vom Körper unabhängige Existenz der Seele

Anders als Platon und die meisten Philosophen vor ihm hat *René Descartes* die Notwendigkeit, den Begriff der Seele zu definieren und einen Beweis für die vom Körper unabhängige Existenz der Seele zu geben, klar gesehen. Wie wir schon gesehen haben, definiert er die Seele als *res cogitans* und zugleich den Körper als *res extensa*. Das wesentliche Attribut* der Seele ist also, zu denken, so wie es das wesentliche Attribut des Körpers ist, ausgedehnt zu sein. Was hier genau mit dem Ausdruck ‚denken' gemeint ist, ist für unsere Überlegung nicht von Bedeutung. Wichtig ist nur, dass Denken in seiner reinen Form Descartes zufolge keinerlei körperliche Eigenschaften impliziert.

Descartes' Argumente für den Dualismus von Körper und Seele

2.1.2.1 Das metaphysische Argument

Für die vom Körper unabhängige Existenz der Seele hat Descartes nicht nur einen, sondern sogar zwei Beweise: einen *metaphysischen* und einen *naturphilosophischen*. Der metaphysische Beweis findet sich am ausführlichsten in den *Meditationen*. Er beginnt in der zweiten Meditation im Anschluss an das ‚cogito'-Argument, mit dessen Hilfe Descartes versucht hat, seine eigene Existenz zu beweisen. Nachdem klar ist, dass er existiert, stellt sich nämlich sofort die Frage, was denn die Natur oder das Wesen dieses Dinges ist, dessen Existenz gerade bewiesen wurde. Descartes stellt zunächst fest, dass er bisher von sich nur weiß, dass er ein denkendes Ding ist. Denn seine Existenz folgte ja allein aus der Tatsache, dass er an seiner Existenz zweifelte, d.h. dass er einen bestimmten Gedanken gefasst hatte. Heißt dies aber auch schon, dass er nichts *weiter* als ein denkendes Ding ist – ein Wesen, das allein mit der Eigenschaft des Denkens und ohne alle körperlichen Eigenschaften existieren kann? Bisher weiß er nur, dass er denkt und dass er zugleich an der Existenz der gesamten Körperwelt zweifeln kann. Was daraus folgt, ergibt sich erst im Laufe der sechsten Meditation. Die entscheidende Passage des Arguments sei hier in voller Länge zitiert:

Das metaphysische Argument

> Erstens weiß ich, daß alles, was ich klar und deutlich einsehe, von Gott so geschaffen sein könnte, wie es sich mir darstellt; wenn ich daher ein Ding klar und deutlich ohne ein anderes zu erkennen vermag, so genügt dies, um mich zu vergewissern, daß die beiden wirklich verschieden sind, da sie wenigstens jedes für sich von Gott gesetzt werden können. ... Ich weiß von meiner Existenz und

schreibe gar nichts anderes meiner Natur oder meinem Wesen zu, als daß ich ein denkendes Ding sei; daraus schließe ich mit Recht, daß mein Wesen allein darin besteht, ein denkendes Ding zu sein [d.h. eine Substanz, deren Wesen oder Natur nur im Denken besteht]. Zwar habe ich vielleicht (bald werde ich sagen können: gewiß) einen Körper, mit dem ich aufs innigste verbunden bin. Denn einerseits habe ich doch eine klare und deutliche Vorstellung meiner selbst, sofern ich lediglich denkendes, nicht ausgedehntes Ding bin; andererseits habe ich eine deutliche Vorstellung vom Körper, sofern er lediglich ausgedehntes, nicht denkendes Ding ist. Somit ist sicher, daß ich [, d.h. meine Seele, durch die ich bin, was ich bin,] wirklich vom Körper [vollständig und wahrhaft] verschieden bin und ohne ihn existieren kann. (*Meditationen*, 189; die Passagen in eckigen Klammern finden sich nur in der französischen Fassung)

Ich könnte auch ohne alle körperlichen Eigenschaften existieren

Wenn man versucht, die verschiedenen Schritte dieser Argumentation explizit zu machen, kommt man in etwa zu dem folgenden Ergebnis. Aus Überlegungen in den vorangegangenen Meditationen, auf die wir hier nicht einzugehen brauchen, ergibt sich: (1) Alles, was ich klar und deutlich einsehe, kann von Gott so gemacht werden, wie ich es einsehe. Also gilt: (2) Alles, was ich klar und deutlich einsehe, ist möglich. Denn wenn etwas gemacht werden kann, muss es möglich sein. Nun hatten wir schon gesehen, dass ich mit Sicherheit einsehe, dass ich denke. Zugleich kann ich aber an der Existenz der gesamten Körperwelt zweifeln, ohne dass dies für meine eigene Existenz in irgendeiner Weise relevant wäre. Also gilt (3), dass ich klar und deutlich einsehe, dass ich allein mit der Eigenschaft des Denkens und ohne alle körperlichen Eigenschaften existieren könnte. In analoger Weise sehe ich (4) ein, dass Körper allein mit der Eigenschaft des Ausgedehntseins, d.h. ohne zu denken, existieren können. Somit ergibt sich aufgrund von (2): (5) Ich kann allein mit der Eigenschaft des Denkens und ohne alle körperlichen Eigenschaften existieren. Und ebenso: (6) Jeder Körper kann allein mit der Eigenschaft des Ausgedehntseins, d.h. ohne zu denken, existieren. Hieraus folgt jedoch (7), dass ich – „d.h. meine Seele, durch die ich bin, was ich bin" – von meinem Körper „vollständig und wahrhaft" verschieden bin. Denn wenn ich mit meinem Körper identisch wäre, wäre es offenbar undenkbar, dass ich ohne alle körperlichen Eigenschaften existieren könnte.

Descartes' metaphysisches Argument

(1) Alles, was ich klar und deutlich einsehe, kann von Gott so gemacht werden, wie ich es einsehe.

Also:

(2) Alles, was ich klar und deutlich einsehe, ist möglich.

(3) Ich sehe klar und deutlich ein, dass ich allein mit der Eigenschaft des Denkens und ohne alle körperlichen Eigenschaften existieren könnte.

(4) Ich sehe ein, dass alle Körper allein mit der Eigenschaft des Ausgedehntseins, d.h. ohne zu denken, existieren können.

Somit ergibt sich aufgrund von (2):

(5) Ich kann allein mit der Eigenschaft des Denkens und ohne alle körperlichen Eigenschaften existieren.

(6) Jeder Körper kann allein mit der Eigenschaft des Ausgedehntseins, d.h. ohne zu denken, existieren.

Also:

(7) Ich bin von meinem Körper real verschieden und kann daher auch ohne ihn existieren.

Dieses Argument zeigt Descartes nicht nur als einen besonders scharfsinnigen Denker, es zeigt ihn auch als einen Philosophen mit bemerkenswertem modallogischen Verständnis.[2] Denn Prinzipien wie „Was vorstellbar ist, ist auch möglich" oder „Wenn zwei Dinge unabhängig voneinander existieren *können*, dann sind sie real verschieden", von denen Descartes in seiner Argumentation wesentlich Gebrauch macht, sind erst in neuester Zeit besonders durch Überlegungen von Saul Kripke gestützt worden (Kripke 1971 und 1972). Insofern ist das metaphysische Argument Descartes' für die vom Körper unabhängige Existenz der Seele sicher nicht zu unterschätzen.

Kritik am metaphysischen Argument

Allerdings kann es auch nicht stärker sein als seine zentrale Prämisse: „Ich sehe klar und deutlich ein, dass ich allein mit der Eigenschaft des Denkens und ohne alle körperlichen Eigenschaften existieren könnte". Aus der Tatsache, dass Descartes seine Existenz beweisen kann, während er zugleich noch an der Existenz der gesamten Körperwelt zweifelt, folgt allein nämlich sicher nicht, dass es *objektiv* möglich ist, dass er auch ohne jede körperliche Eigenschaft existieren könnte.

Eine ausführliche Analyse und Kritik des metaphysischen Arguments für die wirkliche Verschiedenheit von Körper und Seele findet sich in Beckermann 1986.

---

[2]   In der Modallogik geht es um die logischen Beziehungen zwischen Sätzen, die modale Ausdrücke wie ‚es ist notwendig, dass' oder ‚es ist möglich, dass' enthalten.

2.1.2.2 Das naturphilosophische Argument

Das naturphiloso-
phische Argument

Das naturphilosophische Argument für die vom Körper unabhängige Existenz der Seele wurde von Descartes leider bei weitem nicht so klar ausgearbeitet wie das metaphysische. Die wenigen Textstellen, die Descartes diesem Argument widmet, lassen eigentlich nur eine allgemeine Argumentationsrichtung erahnen. Die wichtigste dieser Stellen aus dem *Discours de la Méthode* soll hier wieder ausführlich zitiert werden:

> Wenn es Maschinen mit den Organen und der Gestalt eines Affen oder eines anderen vernunftlosen Tieres gäbe, so hätten wir gar kein Mittel, das uns nur den geringsten Unterschied erkennen ließe zwischen dem Mechanismus dieser Maschinen und dem Lebensprinzip dieser Tiere; gäbe es dagegen Maschinen, die unseren Leibern ähnelten und unsere Handlungen insoweit nachahmten, wie dies für Maschinen wahrscheinlich möglich ist, so hätten wir immer zwei ganz sichere Mittel zu der Erkenntnis, daß sie deswegen keineswegs wahre Menschen sind. Erstens könnten sie nämlich niemals Worte oder andere Zeichen dadurch gebrauchen, daß sie sie zusammenstellen, wie wir es tun, um anderen unsere Gedanken bekannt zu machen. [...] [Und zweitens:] Sollten diese Maschinen auch manches ebenso gut oder vielleicht besser verrichten als irgendeiner von uns, so würden sie doch zweifellos bei vielem anderen versagen, wodurch offen zutage tritt, daß sie nicht aus Einsicht [connaissance] handeln, sondern nur zufolge der Einrichtung ihrer Organe. Denn die Vernunft [raison] ist ein Universalinstrument, das bei allen Gelegenheiten zu Diensten steht, während diese Organe für jede besondere Handlung einer besonderen Einrichtung bedürfen [...]. (*Discours* 5.10)

Maschinen können
nicht in dem Sinne
sprechen und
denken, in dem
Menschen das
können

Schon auf den ersten Blick wird deutlich, dass es sich hier um eine ganz andere Art von Argument handelt. Zentral ist dieses Mal die Annahme, dass Menschen Eigenschaften und Fähigkeiten haben, die keine Maschine besitzen kann, d.h. kein physisches System, dessen Verhalten sich allein aus den für seine Teile geltenden Naturgesetzen ergibt. Tiere verfügen nach Descartes nicht über diese Fähigkeiten, nicht einmal Affen. Affen könne man deshalb ‚nachbauen'. D.h., man könnte eine Maschine bauen, die sich genau so verhält wie ein Affe und die wir, wenn man zusätzlich dafür sorgt, dass sie auch genau so aussieht wie ein Affe, nicht von einem wirklichen Tier unterscheiden könnten. Wir könnten weder am Verhalten, d.h. an den Fähigkeiten dieses Wesens, noch an seinem Aussehen erkennen, ob es sich um eine Maschine oder um einen richtigen Affen handelt.

Was sind das für Fähigkeiten, die Descartes zufolge den Menschen vor allen Tieren auszeichnen? Auf eine kurze Formel gebracht, lautet seine Antwort: die *Fähigkeit zu sprechen* und die *Fähigkeit zu intelligentem Handeln*. Doch dies muss noch weiter erläutert werden. Denn natürlich ist Descartes klar, dass man einigen Tieren – z.B. Papageien – beibringen kann, bei bestimmten Anlässen bestimmte Wörter zu äußern. Aber das allein ist noch kein Sprechen. Sprechen besteht für Descartes darin, dass wir „Worte oder andere Zeichen [...] zusammenstellen, [...] um anderen unsere Gedanken bekannt zu machen". In dieser kurzen Charakterisierung ist mehr enthalten, als man ihr auf den ersten Blick ansieht. Erstens: Sprechen besteht nicht einfach im Äußern von Wörtern; es beruht vielmehr auf dem *Zusammenstellen* von Wörtern. Ihre Ausdruckskraft und Flexibilität erreicht Sprache erst dadurch, dass wir dieselben Wörter auf sehr verschiedene Weise kombinieren können, um damit jeweils andere Gedanken auszudrücken. Es gibt kein festes Repertoire vorgegebener Wörter oder Sätze, mit dem wir auch nur ein festes Repertoire von Gedanken ausdrücken könnten. Vielmehr ist Sprache nahezu unbegrenzt flexibel; wir können immer neue Wörter hinzufügen und die vorhandenen Wörter auf immer neue Art zusammenstellen, woraus sich die Möglichkeit ergibt, immer neue Gedanken auszudrücken. Sprachlernen kann deshalb nicht einfach darin bestehen, auf einen bestimmten Reiz hin einen bestimmten Satz zu äußern.

Zweitens: Sprache dient dazu, *anderen unsere Gedanken mitzuteilen*. Tiere können dazu gebracht werden, in bestimmten Situationen bestimmte Wörter oder Sätze zu äußern. Aber in der Regel verbinden sie keine Zwecke damit. Möglicherweise verfolgen sie zumindest manchmal den ‚Zweck‘, eine bestimmte Reaktion hervorzurufen, z.B. dass man ihnen Futter gibt oder dass man mit ihnen nach draußen geht. Aber das ist etwas anderes als das Mitteilen von Gedanken. Wenn wir unseren Mitmenschen auf sprachliche Weise unsere Gedanken mitteilen, dann dient dies in der Regel nicht dazu, in ihnen eine bestimmte Reaktion hervorzurufen. Vielmehr stellen wir ihnen damit Informationen zur Verfügung, die in ganz unterschiedlichen Verhaltenszusammenhängen genutzt werden können.

Für die Fähigkeit zu intelligentem Handeln gelten ganz ähnliche Überlegungen. Descartes gesteht explizit zu, dass Tiere *bestimmte* Aufgaben sehr viel besser erledigen als wir. Aber dies ist für ihn kein Zeichen von Intelligenz. Denn solche begrenzten Fähigkeiten beruhen seiner Meinung nach jeweils auf der Einrichtung bestimmter Organe. Intelligenz dagegen ist ein „Universalinstrument", d.h., mit Hilfe unserer Intelligenz können wir

Denken ist ein Universalinstrument

nicht nur bestimmte Aufgaben lösen. Vielmehr gibt es eigentlich keine Aufgabe, die dem Versuch einer intelligenten Lösung von vornherein entzogen wäre. Sicher, nicht in jedem Fall werden wir eine Lösung finden. Aber es gibt sozusagen keinen Typ von Problem, den wir mit unserer Intelligenz nicht zumindest anpacken könnten. Darin liegt auch der entscheidende Grund für Descartes' These, dass Intelligenz nicht maschinell realisierbar ist. Denn seiner Meinung nach lassen sich maschinell immer nur Lösungen für *einzelne* Aufgabentypen realisieren. Ein „Organ" zur universellen Problemlösung kann es daher nicht geben. Und eine Maschine mit unendlich vielen Organen, die jeweils für die Lösung eines Problems zuständig sind, ist natürlich ebenfalls undenkbar. Descartes' naturphilosophisches Argument hat also die Struktur:

Descartes' naturphilosophisches Argument
(1) Menschen haben die Fähigkeiten zu sprechen und intelligent zu handeln.
(2) Keine Maschine, d.h. kein physisches System, dessen Verhalten sich allein aus den für seine Teile geltenden Naturgesetzen ergibt, verfügt über diese Fähigkeiten.

Also:
(3) Es muss eine Seele geben, die dafür verantwortlich ist, dass Menschen diese Fähigkeiten besitzen, und diese Seele kann selbst nichts Physisches sein.

Meiner Meinung nach ist auch dies ein ausgesprochen interessantes Argument, das eine Reihe von wichtigen Herausforderungen enthält. Im 17. Jahrhundert, in dem Descartes schrieb, gab es nur wenige künstliche Systeme, an denen er sich orientieren konnte: Es gab Uhren, deren Verhalten vollständig durch das mechanische Zusammenwirken ihrer Gewichte und Räder bestimmt ist; es gab Orgeln, bei denen Register und Tastenanschlag das Öffnen und Schließen der einzelnen Orgelpfeifen bewirken, und schließlich gab es einige schon etwas kompliziertere hydraulische Steuerungssysteme, mit denen die Baumeister der Zeit kleine Gartenfiguren zu einer Art von künstlichem Leben zu erwecken verstanden (zu diesem Punkt vgl. Specht 1966, 114ff.). Es gab keinerlei elektromechanische Systeme, und an Computer war überhaupt noch nicht zu denken. Vor diesem Hintergrund war Descartes' These, es könne keine Maschinen mit den Fähigkeiten, zu sprechen und intelligent zu handeln, geben, offenbar plausibel.

Aber wie steht es heute, nachdem die Entwicklung etliche Schritte vorangekommen ist? Lassen sich die früheren Beschränkungen vielleicht mit Computern überwinden? In den ersten Jahren der Künstlichen Intelligenz-Forschung war die Antwort auf diese Frage ein lautstarkes und uneingeschränktes ,Ja'. Aber inzwischen mehren sich kritischere Stimmen. Immerhin ist es bis heute nicht gelungen, ein Programm zu schreiben, das es auch nur annähernd erlauben würde, die sprachlichen Fähigkeiten des Menschen umfassend zu simulieren. Und obwohl Schachcomputer inzwischen selbst Weltmeister vor große Probleme stellen, sind wir von einer Maschine, die nicht nur Schachspielen, sondern auch Auto fahren, den Weg zum Nordbahnhof finden, den Kindern bei den Hausaufgaben helfen und Kreuzworträtsel lösen kann, nach wie vor meilenweit entfernt. Allerdings: Dies wäre auch nicht die einzige Möglichkeit, Descartes' Herausforderung zu begegnen. Denn während die Skepsis in die Leistungsfähigkeit von Computern eher gewachsen ist, gibt es heute doch so etwas wie einen Konsens zumindest unter den meisten Wissenschaftlern und Philosophen, dass in der Tat alle unsere Leistungen und Fähigkeiten auf den komplizierten Verschaltungen der Nervenzellen in unserem Gehirn beruhen.

Es gibt jedoch auch noch einen ganz anderen Weg, Descartes' naturphilosophisches Argument zu kritisieren. Descartes geht nämlich stillschweigend davon aus, dass jedes physische System nur über Eigenschaften und Fähigkeiten verfügen kann, die sich auf seine Teile und das naturgesetzliche Zusammenwirken dieser Teile zurückführen lassen. D.h., Descartes leugnet schlicht die Möglichkeit *emergenter* Eigenschaften (zum Begriff der emergenten Eigenschaft vgl. unten Abschnitt 3.3). Er geht von dem Prinzip aus: (4) Wenn ein physisches System Eigenschaften und Fähigkeiten besitzt, die sich nicht auf seine Teile und das naturgesetzliche Zusammenwirken dieser Teile zurückführen lassen, dann muss es eine zusätzliche nicht-physische Entität* geben, die für diese Eigenschaften und Fähigkeiten verantwortlich ist und die selbst der Träger dieser Eigenschaften ist. Und dieses Prinzip ist sicher alles andere als selbstverständlich. Auf dieses Problem werden wir jedoch im Abschnitt 3.3 noch einmal ausführlich zurückkommen. Hier sei nur noch angemerkt, dass Descartes' naturphilosophisches Argument ohne das Prinzip (4) bestenfalls ein Argument für den Eigenschaftsdualismus, aber kein Argument für den Substanzdualismus ist.

2.2 Argumente gegen den Substanz-dualismus

2.2.1 Das Problem der Interaktion von Geist und Körper

Welche Beziehung besteht zwischen Geist und Körper?

Jeder, der die Auffassung vertritt, dass Menschen außer einem Körper auch einen von allen körperlichen Dingen verschiedenen nicht-physischen Geist besitzen, muss die Frage beantworten, welche Beziehung denn zwischen Geist und Körper besteht. Lebt der Geist einfach sein eigenes Leben, ohne in irgendeiner Weise durch das beeinflusst zu werden, was in der Welt der Körper vorgeht, und ohne seinerseits auf diese Welt Einfluss zu nehmen? Oder gibt es einen systematischen Zusammenhang zwischen dem geistigen und dem körperlichen Bereich? Offenbar ist es nicht sehr plausibel anzunehmen, dass zwischen Geist und Körper überhaupt kein Zusammenhang besteht. Diese Position ist daher auch nie ernsthaft vertreten worden. Aber wenn es einen systematischen Zusammenhang gibt zwischen der körperlichen Welt und dem, was im Geist vorgeht, wie sieht dieser Zusammenhang aus?

2.2.1.1 Vier Theorien über den Zusammenhang zwischen Geist und Körper

Der interaktionisti-sche Dualismus

In der Geschichte der (westlichen) Philosophie sind auf diese Frage im wesentlichen vier Antworten gegeben worden. Der *interaktionistische Dualismus* geht davon aus, dass sich Geist und Körper *gegenseitig kausal* beeinflussen, obwohl sie Substanzen völlig verschiedener Art sind. Die Anhänger dieser Position, deren prominentester Vertreter Descartes war, die aber z.B. durch den Neurobiologen *John Eccles* (1903–1997) auch in neuester Zeit noch vertreten wurde, sind also der – durchaus natürlich erschei-nenden – Auffassung, dass auf der einen Seite z.B. Gewebever-letzungen Schmerzerlebnisse verursachen und die Lichtstrahlen, die von einem Tisch reflektiert werden, auf dem Wege über das Netzhautbild und den visuellen Kortex* den Wahrneh-mungseindruck eines Tisches erzeugen, dass auf der anderen Seite aber auch Wut das Ansteigen des Blutdrucks bewirkt und mein Wunsch, etwas zu trinken, bestimmte Körperbewegungen verursacht – etwa, dass ich in die Küche gehe und mir ein Glas Wasser hole.

Die Probleme, die mit dieser Auffassung verbunden sind und auf die wir gleich zu sprechen kommen werden, haben jedoch schon Descartes' Zeitgenossen veranlasst, nach Alternativen zu suchen, von denen der Parallelismus und der Okkasionalismus die bekanntesten sind. Die Grundidee des *Parallelismus* besteht in der Annahme, dass geistige und körperliche Phänomene *kausal unabhängig* voneinander ablaufen, wobei jedoch – durch Gottes weisen Ratschluss – die Dinge so eingerichtet sind, dass bestimmten neuronalen Zuständen im Gehirn eines Menschen immer bestimmte mentale Zustände in seinem Geist entsprechen und umgekehrt. Wenn etwa das von einem Tisch reflektierte Licht auf dem Wege über das Netzhautbild in meinem visuellen Kortex einen bestimmten neuronalen Zustand verursacht, entsteht gleichzeitig – aber ohne von diesem neuronalen Zustand verursacht zu sein – in meinem Geist der Wahrnehmungseindruck eines Tisches, und wenn ich den Wunsch habe etwas zu trinken, entsteht gleichzeitig – aber ohne durch diesen Wunsch verursacht zu sein – in meinem Gehirn ein neuronaler Zustand, der seinerseits dafür verantwortlich ist, dass ich in die Küche gehe und mir ein Glas Wasser hole. *Gottfried Wilhelm Leibniz* (1646–1716) hat diese ‚prästabilierte Harmonie' zwischen Geist und Körper am Beispiel zweier synchronisierter Uhren veranschaulicht, die auch dann dieselbe Zeit anzeigen, wenn zwischen ihnen keinerlei kausaler Zusammenhang besteht (Leibniz 1696).

Der *Okkasionalismus*, der insbesondere auf *Arnold Geulincx* (1624–1669) und *Nicolas Malebranche* (1638–1715) zurückgeht, nimmt wie der Parallelismus an, dass es zwischen geistigen und körperlichen Zuständen systematische Entsprechungen gibt; allerdings führt er diese nicht auf eine von Gott eingerichtete ‚prästabilierte Harmonie' zurück, sondern darauf, dass Gott selbst jeweils gezielt in den Ablauf der geistigen und körperlichen Phänomene eingreift. Für einen Okkasionalisten stellen sich die Dinge so dar: Wenn das von einem Tisch reflektierte Licht auf dem Wege über das Netzhautbild in meinem visuellen Kortex einen bestimmten neuronalen Zustand hervorruft, dann greift Gott – anlässlich dieses neuronalen Zustands – ein (der Name ‚Okkasionalismus' geht auf das lateinische Wort ‚occasio' zurück, das soviel wie ‚Anlass' oder ‚Gelegenheit' bedeutet) und erzeugt in meinem Geist den Wahrnehmungseindruck eines Tisches, und wenn ich den Wunsch habe, etwas zu trinken, dann greift Gott – anlässlich dieses Wunsches – ein und erzeugt in meinem Gehirn einen neuronalen Zustand, der dafür verantwortlich ist, dass ich

Parallelismus

Okkasionalismus

in die Küche gehe und mir ein Glas Wasser hole (Malebranche 1688).[3]

Es scheint klar, dass der Parallelismus und der Okkasionalismus als *ad hoc*-Antworten* auf die Probleme des Interaktionismus keine große Plausibilität für sich in Anspruch nehmen können. Außerdem werfen sie mehr Fragen auf, als sie beantworten (zur folgenden Argumentation vgl. McLaughlin 1995, 598f.). So besteht z.B. der kausalen Theorie intentionalen Handelns zufolge der Unterschied zwischen wirklichen Handlungen und bloßen Körperbewegungen u.a. darin, dass beim Handeln Körperbewegungen durch die Wünsche und Überzeugungen einer Person verursacht werden. Und in analoger Weise besteht der kausalen Theorie der Wahrnehmung zufolge der Unterschied zwischen wirklichem Wahrnehmen und bloßem Halluzinieren u.a. darin, dass beim Wahrnehmen die Wahrnehmungseindrücke durch die wahrgenommenen Dinge selbst verursacht werden. Nicht-interaktionistische Theorien wie der Parallelismus schulden uns also alternative Theorien des Handelns und der Wahrnehmung, die mindestens ebenso plausibel sind. Noch kritischer ist aber der Punkt, dass sowohl der Parallelismus wie der Okkasionalismus auf starken theologischen Annahmen beruhen und dass die kausale Beziehung zwischen Gott und der körperlichen Welt sicher noch schwerer verständlich ist als die zwischen dem Geist und der Welt. In der Geschichte der Philosophie haben deshalb weder der Parallelismus noch der Okkasionalismus eine große Anhängerschaft gefunden.

Epiphänomenalismus

Dies gilt jedoch nicht für die vierte Position, den *Epiphänomenalismus*, der im 19. Jahrhundert unter dem Eindruck neuer Ergebnisse in den Naturwissenschaften entstand. *Thomas H. Huxley* (1825–1895) fasst diese Ergebnisse in seinem Aufsatz „On the Hypothesis that Animals are Automata" von 1874 so zusammen. *Erstens*: Mentale Zustände und insbesondere alle Bewusstseinszustände sind kausal abhängig von den Aktivitäten bestimmter Teile des Gehirns. Wenn man die afferenten* Nervenbahnen unterbricht, werden vor der Unterbrechung liegende Reizungen dieser Nerven nicht mehr bewusst wahrgenommen. Alle Reize werden also zunächst ins Gehirn geleitet; erst dort werden die entsprechenden bewussten Erlebnisse hervorgebracht. Und es kann kein

---

[3]   Zumindest bei Malebranche ist der Okkasionalismus eine allgemeine Theorie der Kausalität. Für ihn ist Gott überhaupt die einzig mögliche Ursache. Das, was wir als Ursache bezeichnen, ist für Malebranche generell nur ein Umstand, anlässlich dessen Gott die Wirkung hervorbringt.

Zweifel daran bestehen, dass *alle* bewussten Erlebnisse durch Aktivitäten bestimmter Teile des Gehirns verursacht werden.

Zweitens: Für das Verhalten eines Systems ist es ohne jede Bedeutung, ob bestimmte Veränderungen im Gehirn bewusste Erlebnisse hervorrufen oder nicht.

> Der Frosch geht, hüpft, schwimmt, und führt seine Turnübungen auch ohne Bewußtsein, und folglich auch ohne Willensakt, genauso gut aus wie mit; und wenn ein Frosch in seinem natürlichen Zustand irgend etwas besitzt, was dem entspricht, das wir ‚Willensakt' nennen, so haben wir keinen Grund anzunehmen, daß es sich hierbei um irgend etwas anderes handelt als um eine Begleiterscheinung molekularer Veränderungen im Gehirn, die einen Teil der Kette bilden, welche seine Bewegungen hervorbringt. (Huxley 1874)

Für Huxley – ebenso wie für andere Wissenschaftler wie *Ernst Haeckel* (1834–1919), die trotz ihrer naturwissenschaftlichen Grundeinstellung in gewissem Sinne Dualisten blieben – schien deshalb die Schlussfolgerung unausweichlich, dass zwar alle bewussten Erlebnisse durch Veränderungen im Gehirn verursacht werden, dass diese Erlebnisse selbst aber niemals körperliche Veränderungen bewirken können.

> Es scheint so, daß sich das Bewußtsein der Tiere zum Mechanismus ihrer Körper nur wie eine Begleiterscheinung seiner Arbeitsweise verhält und daß es genauso wenig irgendeine Kraft hat, diese Arbeitsweise zu verändern, wie die Dampfpfeife, die das Funktionieren der Antriebsmaschine einer Dampflokomotive begleitet, einen Einfluß auf deren Arbeitsweise besitzt. Ihre Willensakte, falls sie welche besitzen, sind nichts weiter als eine Emotion, die physische Veränderungen anzeigt, diese Veränderungen aber nicht verursacht. (Huxley 1874)

Für Huxley ist das Bewusstsein also nichts anderes als eine *Begleiterscheinung* – ein *Epiphänomen* – der Vorgänge im Gehirn, die für unser Verhalten verantwortlich sind, nicht deren Ursache. Es liegt nahe, gegen Huxley einzuwenden, dass seine Beobachtungen an Fröschen kaum ausreichen, um so weitgehende Thesen auf sie zu gründen. Auch in neuester Zeit sind jedoch empirische Untersuchungen durchgeführt worden, die für den Epiphänomenalismus ins Feld geführt werden können. So hat etwa *Benjamin Libet* (*1916) eine Reihe von Probanden gebeten, innerhalb der nächsten fünf Minuten zu einem von ihnen selbst bestimmten Zeitpunkt eine einfache Bewegung mit der Hand auszuführen (vgl. bes. Libet 1985). Dabei sollten sie mitteilen, wann sie sich entschlossen hatten, diese Bewegung auszuführen.

Ein Vergleich dieser Angaben mit den Ergebnissen eines gleichzeitig durchgeführten EEG führte zu einem bemerkenswerten Ergebnis. Schon einige 100 Millisekunden, *bevor* die Probanden ihren Entschluss, die Bewegung auszuführen, zu Protokoll gaben, konnte im EEG ein dieser Bewegung vorhergehendes Bereitschaftspotential nachgewiesen werden. Zumindest auf den ersten Blick sieht es also so aus, als würde die Bewegung des Fingers im Gehirn schon initiiert, bevor die jeweilige Person sich bewusst für die Ausführung dieser Handlung entscheidet. Falls das so ist, scheint die beste Erklärung in der Annahme zu bestehen, dass die bewusste Entscheidung selbst Wirkung und nicht Ursache der Gehirnprozesse ist, die tatsächlich die Ausführung der Handlung verursachen.

Probleme des Epiphänomenalismus

Aber so groß die empirische Evidenz für den Epiphänomenalismus auch sein mag, auch diese Position ist nicht frei von theoretischen Problemen. Auf der einen Seite impliziert sie nämlich, dass das gesamte beobachtbare Leben auf dieser Welt genauso ablaufen würde, wie es jetzt abläuft, wenn kein Mensch und kein Tier je bewusste Erlebnisse, Überzeugungen und Wünsche hätte. Und dies scheint zumindest hochgradig kontraintuitiv (vgl. z.B. Bieri 1981b, 7f.). Auf der anderen Seite hält sie aber auch daran fest, dass es zumindest *in einer Richtung* kausale Zusammenhänge zwischen Geist und Welt gibt. Die Probleme, die generell gegen solche Zusammenhänge sprechen und die im nächsten Abschnitt nun endlich zur Sprache kommen sollen, sind daher auch Probleme für den Epiphänomenalismus. Trotz der mit dieser Position verbundenen Schwierigkeiten gibt es allerdings auch heute noch Verfechter des Epiphänomenalismus (vgl. z.B. Birnbacher 1990, 1997 und auch Bieri 1992).

Vier Theorien über den Zusammenhang zwischen Geist und Körper

Interaktionismus

Physische Zustände (z.B. Gewebeverletzungen) verursachen mentale Zustände (z.B. Schmerzen), aber auch mentale Zustände (z.B. Wünsche) verursachen physische Zustände (z.B. Körperbewegungen).

Parallelismus

Es gibt einen systematischen Zusammenhang zwischen physischen und mentalen Zuständen; aber dieser Zusammenhang beruht nicht auf einer Kausalbeziehung, sondern auf einer ‚prästabilierten Harmonie'. Gott hat es so eingerichtet, dass Zuständen im Körper Zustände im Geist entsprechen und umgekehrt, so wie ein Uhrmacher, der zwei Uhren synchronisiert, dafür sorgt, dass sie beide dieselbe Zeit anzeigen, ohne dass zwischen ihnen ein kausaler Zusammenhang bestünde.

Okkasionalismus
Der systematische Zusammenhang zwischen physischen und mentalen Zuständen beruht weder auf einer direkten Kausalbeziehung noch auf einer ‚prästabilierten Harmonie', sondern darauf, dass Gott jeweils anlässlich bestimmter Zustände im Körper die entsprechenden Zustände im Geist hervorbringt bzw. anlässlich bestimmter Zustände im Geist die entsprechenden Zustände im Körper verursacht.

Epiphänomenalismus
Zustände im Geist einer Person werden zwar durch Zustände in ihrem Körper verursacht, haben aber selbst niemals Wirkungen auf ihren Körper.

2.2.1.2 Die Probleme des interaktionistischen Dualismus

Wenn man annimmt, dass Vorgänge im Geist einer Person Vorgänge in der physischen Welt und umgekehrt Vorgänge in der physischen Welt Vorgänge im Geist einer Person verursachen, dann ist die erste Frage, *welche* geistigen *welche* körperlichen Vorgänge verursachen können und umgekehrt. Oder anders ausgedrückt, *an welcher Stelle* des Körpers diese kausale Interaktion stattfindet.

Wo findet die kausale Interaktion zwischen Geist und Körper statt?

Bei willentlichen Handlungen etwa sind dem Interaktionismus zufolge die Wünsche und Überzeugungen einer Person für bestimmte ihrer Körperbewegungen kausal mitverantwortlich. Aber natürlich bewirken diese Wünsche und Überzeugungen *nicht direkt* die Kontraktionen und Relaxationen bestimmter Muskeln. Diese werden unmittelbar vielmehr von der Änderung der Aktivität bestimmter motorischer Einheiten der Muskeln hervorgerufen. Diese wiederum gehen auf Impulse aus den motorischen Vorderhornzellen des Rückenmarks zurück, und diese Vorderhornzellen werden für zielgerichtete Willkürbewegungen durch Neuronen der motorischen Hirnrinde aktiviert. In den peripherienahen Bereichen des Körpers gibt es also offenbar keine psychophysische Verursachung; wenn es überhaupt stattfindet, scheint das Eingreifen des Geistes auf bestimmte zentrale Regionen des Gehirns beschränkt zu sein.

Nach Descartes
interagieren Geist
und Körper in der
Zirbeldrüse

Tatsächlich hat schon Descartes die Ansicht vertreten, dass die kausale Interaktion zwischen Geist und Körper nur an einer einzigen Stelle, nämlich in der *Zirbeldrüse* stattfindet.[4] Schon Descartes wusste, dass einerseits alles Handeln, andererseits aber auch alles Wahrnehmen durch das Nervensystem des Menschen vermittelt ist. Die Nerven stellte er sich jedoch als kleine biegsame Röhrchen vor, durch die sich die *spiritus animales* – kleine, sehr leichte Teilchen – bewegen, um Signale von den Sinnesorganen an das Gehirn oder Signale vom Gehirn an die Muskeln weiterzuleiten. Die Zirbeldrüse ist für ihn das Zentrum all dieser Bewegungen. Wahrnehmungen entstehen dadurch, dass die von den Sinnesorganen kommenden Nerven auf der Zirbeldrüse ein ‚Abbild‘ der wahrgenommenen Dinge erzeugen, das seinerseits im Geist einen entsprechenden Wahrnehmungseindruck hervorruft; willentliche Handlungen dadurch, dass der Geist die Zirbeldrüse so dreht, dass die *spiritus animales* sich gerade in die Nerven bewegen, die zu den entsprechenden Muskeln führen. Der ‚Kraftaufwand‘ des Geistes bei der Hervorbringung willentlicher Handlungen ist dabei Descartes zufolge minimal, da sich die äußerst beweglich aufgehängte Zirbeldrüse sehr leicht in die verschiedensten Richtungen drehen lässt.

Trotz aller Unterschiede hat diese Theorie eine große Ähnlichkeit mit der Auffassung, die Eccles erst vor einigen Jahren entwickelt hat. Eccles zufolge kann der Geist ebenfalls nur mit einem bestimmten Teil der Hirnrinde (dem Liaisonhirn) direkt interagieren. Dabei soll diese Interaktion so vonstatten gehen, dass der Geist kleine funktionelle Einheiten (Module) in diesem Bereich abtastet und die Aktivität einiger Module, die ihm aufgrund ihrer „Offenheit" zugänglich sind, „leicht modifiziert, wobei die Module dann gemeinsam auf diese geringfügigen Änderungen reagieren und diese gemeinsame Reaktion durch die Assoziations- und Kommissurenfasern weiterleiten". (Eccles/Zeier 1980, 173. In späteren Arbeiten vermutet Eccles den Ort der Geist/ Materie-Interaktion in Dendronen, also in Einheiten, die noch wesentlich kleiner als die Module sind.)

Warum kann der
Geist nur an einer
bestimmten Stelle
auf die Welt des
Physischen
einwirken und
warum sind seine
Wirkungen so
gering?

Auf jeden Fall stellen sich im Hinblick auf diese Auffassung die gleichen Fragen wie im Hinblick auf die Auffassung Des-

---

4   Die Zirbeldrüse ist eine pinienzapfenähnliche, 8–14 mm lange Drüse, die beim Menschen am Mittelhirn liegt. Sie hat direkt weder etwas mit der neuronalen Verarbeitung von Sinnesreizen noch mit der Steuerung von Körperbewegungen zu tun; vielmehr dient sie der Produktion des Hormons Melatonin. Dieses Hormon wirkt jedoch – wie andere ähnliche Hormone – indirekt auf die gesamte neuronale Informationsverarbeitung.

cartes'. Aus welchen Gründen eigentlich kann der Geist nur auf bestimmte sehr zentrale Bereiche des Gehirns einwirken? Wenn er überhaupt kausal in den Bereich des Physischen eingreifen kann, dann sollte dies doch an einer Stelle nicht problematischer sein als an einer anderen. Und: Warum nehmen beide Autoren an, dass der Geist nur sehr geringe Veränderungen in der physischen Welt bewirkt? Reicht seine Kraft nicht weiter? Oder ‚verbirgt' sich der Geist mit Absicht, indem er physische Gegenstände nur auf empirisch kaum feststellbare Weise beeinflusst? Beide Antworten scheinen wenig plausibel. Auf jeden Fall ist bemerkenswert, dass in allen ausgearbeiteten Theorien der kausalen Interaktion von Geist und Körper der Einfluss des Geistes so gering ist, dass er unterhalb der Schwelle des empirisch Feststellbaren liegt. Dies ist offenbar eine – wenn auch unzureichende – Antwort auf die Tatsache, dass *empirisch* eine kausale Interaktion zwischen geistigen und körperlichen Vorgängen noch nie nachgewiesen werden konnte. Wenn der Geist auf den Körper einwirkt, sollte man eigentlich erwarten, dass sich dies bei einer empirischen Untersuchung der Funktionsweise des Gehirns zeigen würde. Aber ganz im Gegenteil: Neurobiologische Untersuchungen haben bisher nirgends einen Anhaltspunkt für das Wirken nicht-physiologischer Ursachen ergeben.

Das zweite Problem für den interaktionistischen Dualismus ergibt sich aus der Tatsache, dass das kausale Einwirken des Geistes auch dann, wenn seine Wirkungen nur sehr gering sind, den Erhaltungssätzen der Physik widerspricht. Schon Descartes war sich dieses Problems bewusst. Da er den genauen Gehalt der Erhaltungsgesetze noch nicht kannte, glaubte er allerdings, dieses Problem durch die Annahme lösen zu können, dass der Geist nur die Richtung, aber nicht die Geschwindigkeit der *spiritus animales* verändere. Spätestens seit Leibniz ist jedoch klar, dass diese Annahme das Problem nicht löst, da auch eine Richtungsänderung den Impuls der betroffenen Teilchen verändert und daher den Satz der Impulserhaltung verletzt. Heute können wir dies sogar noch allgemeiner fassen. Selbst wenn man annimmt, dass die Wirkung des Geistes nicht in der Veränderung des Impulses einer oder mehrerer Teilchen besteht, würde das kausale Eingreifen des Geistes in ein physikalisches System auf jeden Fall eine Änderung des Energiezustandes dieses Systems implizieren und daher mit dem Energieerhaltungssatz in Konflikt kommen. Offenbar hat die Annahme, dass die kausalen Wirkungen des Geistes nur sehr gering und daher kaum merklich sind, auch den Sinn, diesem Problem auszuweichen. Aber natür-

Ist das Einwirken des Geistes mit den Erhaltungssätzen der Physik vereinbar?

lich kann man hier bestenfalls von einer Scheinlösung sprechen. Auch die geringsten Energieveränderungen widersprechen den empirisch gut bestätigten Erhaltungssätzen.[5]

Wie kann man sich die kausale Interaktion von Geist und Körper überhaupt vorstellen?

Das schwerwiegendste mit der Annahme einer kausalen Interaktion zwischen Geist und Körper verbundene Problem beruht jedoch auf der Frage, wie ein solcher kausaler Zusammenhang überhaupt gedacht werden kann. Auch hier war Descartes der erste, der die Tragweite dieses Problems erkannt hat. Für ihn stellte sich dieses Problem sogar mit besonderer Schärfe, da, wie wir schon gesehen haben, sein Hauptanliegen darin bestand, die grundlegende Verschiedenheit von Körper und Geist herauszuarbeiten. Wenn Körper und Geist, wie Descartes annahm, zwei völlig verschiedene Substanzen sind, die keinerlei Eigenschaften gemeinsam haben, dann wird die Möglichkeit einer kausalen Interaktion aber völlig unverständlich. Für Descartes sogar in besonderer Weise, da seiner Auffassung nach jede Ursache ihre Wirkung in gewisser Weise in sich enthalten muss. Aber wie soll etwas Geistiges etwas Körperliches in sich enthalten (und umgekehrt), wenn Geist und Körper wesensverschieden sind? Descartes selbst sah sich daher am Ende seiner Überlegungen gezwungen, einzugestehen, dass die kausale Interaktion von Geist und Körper, die seiner Meinung nach empirisch völlig offensichtlich ist,[6] theoretisch kaum verstanden werden kann.

> [...] die Dinge endlich, die der Vereinigung von Seele und Körper zugehören, lassen sich nur dunkel durch das Begriffsvermögen allein, auch nicht durch das von der Vorstellungskraft unterstützte Begriffsvermögen erkennen, sondern sie werden sehr deutlich durch die Sinne erkannt. Daher kommt es, daß diejenigen, die niemals philosophieren und sich nur ihrer Sinne bedienen, nicht daran zweifeln, daß die Seele den Körper bewegt, und daß der Körper auf die Seele wirkt [...]. Die metaphysischen Gedanken, die das reine Begriffsvermögen üben, dienen dazu, uns den Begriff der Seele vertraut zu machen; das Studium der Mathematik, das hauptsächlich die Vorstellungskraft in der Betrachtung der Gestalten und

---

5   Allerdings haben Eccles und Beck in Eccles/Beck (1992) mit recht komplizierten quantentheoretischen Überlegungen zu zeigen versucht, dass ein Eingreifen des Geistes auch ohne Verletzung der Erhaltungssätze möglich ist. Ähnliche Überlegungen scheinen auch in der Theorie von Roger Penrose eine Rolle zu spielen; vgl. Penrose (1989, 1994).

6   Mit ‚empirisch' meint Descartes an dieser Stelle nicht das, was sich mit Hilfe wissenschaftlicher Untersuchungen feststellen lässt (s.o.), sondern das, was uns die Selbsterfahrung lehrt. Dass uns diese Selbsterfahrung zweifelsfrei zeigt, dass der Geist auf den Körper einwirkt, ist jedoch sicher ebenfalls umstritten.

Bewegungen übt, gewöhnt uns daran, sehr deutliche Begriffe vom Körper zu bilden; und indem man schließlich nur das Leben und die alltäglichen Gespräche benutzt und sich des Nachdenkens und des Studiums von Dingen enthält, die die Vorstellungskraft üben, lernt man die Vereinigung von Seele und Körper begreifen. (Brief an Elisabeth von Böhmen vom 28. Juni 1643; *Briefe* 271)

Mit anderen Worten: Mit Hilfe theoretischer Überlegungen können wir einen klaren Begriff vom Geist als einer denkenden Substanz und einen klaren Begriff vom Körper als einer ausgedehnten Substanz gewinnen; aber eben darum sind diese Überlegungen völlig ungeeignet, um uns die Einheit oder Interaktion von Geist und Körper verständlich zu machen. Diese Einheit ist ein Faktum, das uns im Alltagsleben völlig selbstverständlich erscheint, das aber theoretisch nicht recht nachvollziehbar ist.

Nun könnte man sicher sagen, dass Descartes sich nur aufgrund seines Kausalitätsbegriffs zu dieser Schlussfolgerung gezwungen sah. Doch dies ist nicht der einzige Grund. Aus der angenommenen grundsätzlichen Verschiedenheit von Körper und Geist und insbesondere aus der angenommenen Unräumlichkeit des Geistes ergeben sich für die Möglichkeit der kausalen Interaktion auf jeden Fall eine Reihe schwerwiegender Fragen. (Vgl. zum Folgenden auch McGinn 1982, 24f.)

1. Wie ist es zu erklären, dass der Geist, um kausal wirksam werden zu können, eines relativ komplexen, funktionsfähigen Gehirns bedarf? Das Bild, das der interaktionistische Dualist von der Aufgabenverteilung zwischen Geist und Körper zeichnet, ist doch dies: Der Körper ist dafür da, (a) über die Sinnesorgane den Geist mit Wahrnehmungseindrücken zu versorgen und (b) die Bewegungen auszuführen, die der Geist anordnet; alles, was dazwischen liegt, ist Aufgabe des Geistes. Wenn das so ist, ist aber die Frage unabweisbar, warum wir ein so großes Gehirn haben, das ebenfalls im Wesentlichen damit beschäftigt zu sein scheint, zwischen sensorischem Input und motorischem Output zu vermitteln. Wahrnehmen z.B. besteht nicht bloß in der Aufnahme sensorischer Reize, sondern ganz wesentlich darin, aus diesen sensorischen Reizen ein Bild der uns umgebenden Welt zu rekonstruieren. Und wie es aussieht, ist ein Großteil des sensorischen Kortex genau mit der Lösung dieser Aufgabe beschäftigt. D.h., ein Großteil der Informationsverarbeitung, die unserer Wahrnehmung zugrunde liegt, findet im Gehirn und nicht im Geist statt. Umgekehrt brauchen wir einen anderen Teil des Kortex offenbar zur Handlungsplanung, die ebenfalls weitgehend im Gehirn stattfindet. Wenn das so ist, stehen wir aber vor einem

Warum bedarf der Geist eines komplexen und funktionsfähigen Gehirns?

Dilemma: Entweder ein Großteil unseres Gehirns ist ‚überflüssige Maschinerie', da in ihm Probleme gelöst werden, deren Erledigung eigentlich in die ‚Kompetenz' des Geistes fällt oder der Geist hat wenig oder gar nichts mehr zu tun, da alles oder zumindest das meiste schon vom Gehirn erledigt wird.

Wie sieht der Mechanismus aus, auf dem die kausale Beziehung zwischen Geist und Körper beruht?

2. Wie hat man sich die kausale Beziehung zwischen Geist und Gehirn genau vorzustellen? McGinn z.b. zweifelt, dass der Dualist auf diese Frage eine befriedigende Antwort geben kann.

Allgemein fassen wir kausale Interaktion als etwas auf, das vermittels eines Mechanismus vor sich geht, und zwar so, daß Ursachen und Wirkungen in einer nachvollziehbaren Verbindung zueinander stehen. Doch diese nachvollziehbare Verbindung ist genau das, was der dualistischen Theorie der Interaktion von Körper und Geist zufolge fehlt. Denn der Kern dieser Theorie besteht gerade im Insistieren darauf, daß sich mentale und physische Phänomene ihrer Natur nach radikal voneinander unterscheiden. Man versuche nun, sich vorzustellen, welche Art von Mechanismus es materiellen und immateriellen Substanzen ermöglichen würde, kausal miteinander in Kontakt zu kommen: Sofern wir überhaupt eine Auffassung von der Natur immaterieller Substanzen haben, scheint dies eine äußerst schwierige Aufgabe zu sein – auf jeden Fall können wir uns hier nicht berechtigterweise auf diejenigen Arten der Kausalität beziehen, die auf den physikalischen Kräften beruhen, welche in den Wissenschaften von der Materie untersucht werden. (McGinn 1982, 25)

Vielleicht könnte der Dualist hier jedoch antworten, dass es auch in der Natur fundamentale Kausalbeziehungen gibt, die sich nicht über die Angabe von zugrunde liegenden Mechanismen verständlich machen lassen. Dass die Erdanziehung in einem nicht an einer freien Bewegung gehinderten Körper eine Beschleunigung in Richtung auf den Erdmittelpunkt bewirkt, z.B., ist eine fundamentale Tatsache über die Kausalstruktur der Welt, die nicht durch die Angabe tieferliegender Mechanismen erklärt werden kann. Und in derselben Weise, so könnte der Dualist argumentieren, ist es auch eine nicht weiter erklärbare Tatsache, dass bestimmte geistige Vorgänge bestimmte geringfügige (s.o.) Veränderungen im Gehirn bewirken. Doch damit bliebe immer noch eine letzte Frage unbeantwortet.

Warum kann mein Geist nur auf mein Gehirn einwirken?

3. Wie kommt es, dass *mein* Geist auf *mein* Gehirn, aber auf *kein anderes* Gehirn einwirken kann? Wenn man einen Strom durch eine Spule leitet, dann entsteht in *dieser* Spule ein magnetisches Feld und nicht in *irgendeiner anderen* Spule. Und der Grund dafür ist offensichtlich, dass zwischen Ursache (Strom) und Wirkung (magnetisches Feld) unter anderem eine bestimm-

te räumliche Relation besteht. Aber welche Relation könnte zwischen meinem Geist und meinem Körper bestehen, die dafür verantwortlich ist, dass Vorgänge in meinem Geist Veränderungen in meinem Körper und nicht in irgendeinem anderen Körper bewirken? Räumlich kann diese Relation nicht sein, da der Geist unräumlich sein soll. Aber welche andere Relation könnte diese Rolle übernehmen? Gibt es vielleicht eine ,Affinität' zwischen bestimmten Geistern und bestimmten Körpern? Aber auf welchen Eigenschaften dieser Geister sollte diese ,Affinität' beruhen? Oder ist es vielleicht ein weiteres *factum brutum*, eine weitere unerklärbare Tatsache, dass jeder Geist eine besondere ,Affinität' zu genau einem Körper hat? Offenbar hieße dies nur, ein Mysterium durch ein anderes, noch weniger verständliches zu erklären.

Probleme des interaktionistischen Dualismus

(1) Eine Wirkung des Geistes auf das Gehirn lässt sich *empirisch* nicht nachweisen.

(2) Auf die folgenden *theoretischen* Fragen gibt es keine nachvollziehbare Antwort:

    (a) Warum sind die Wirkungen des Geistes so *minimal* und *nur auf bestimmte Bereiche des Gehirns beschränkt?*

    (b) Wie ist ein Einwirken des Geistes auf den Körper mit den *physikalischen Erhaltungssätzen* vereinbar?

    (c) Warum bedarf der Geist überhaupt eines *komplexen und funktionsfähigen Gehirns*, um kausal wirksam sein zu können?

    (d) Wie sieht der *Mechanismus* aus, auf dem die kausale Beziehung zwischen Geist und Körper beruht?

    (e) Warum kann *mein* Geist auf *mein* Gehirn, aber auf *kein anderes* Gehirn einwirken?

2.2.2 Strawsons Überlegungen zum Begriff der Person

Die Probleme der Interaktionsthese bilden nach traditioneller Ansicht die Achillesferse des Substanzdualismus. Tatsächlich ist diese Position jedoch mit weiteren Problemen konfrontiert, die vielleicht noch schwerer wiegen. Eines dieser Probleme steht im

Strawsons Kritik am Cartesianismus

Mittelpunkt der Überlegungen *Peter Strawsons* (1919–2006) zum Begriff der Person, die durchaus als direkte Antwort auf Descartes' These verstanden werden können, er (Descartes) könne sich vorstellen, allein mit der Eigenschaft des Denkens und ohne alle körperlichen Eigenschaften zu existieren (bes. in Strawson 1959, ch. 3; vgl. zum Folgenden auch Priest 1991, 170–182). Auch Strawson unterscheidet auf der einen Seite zwei nicht aufeinander reduzierbare Arten von Dingen: *Rein physische Dinge* und *Personen*; auf der anderen Seite gilt seiner Meinung nach aber auch für Personen, dass sie *nicht* ohne körperliche Eigenschaften existieren können.

Wenn wir von unserem normalen Sprachgebrauch ausgehen, ist zunächst völlig klar, dass wir Personen *de facto* neben mentalen auch physische Eigenschaften zuschreiben. Wir sagen nicht nur, dass sich *Hans* an seinen letzten Urlaub erinnert, dass er über eine schwierige mathematische Aufgabe nachdenkt oder dass er im Augenblick ein wohliges Gefühl von Wärme empfindet, wir sagen auch, dass *derselbe Hans* 1,80 m groß und 75 kg schwer ist, dass er sich im Wohnzimmer befindet oder dass er einen Spaziergang im Park macht. Und es ist für das Alltagsverständnis gar keine Frage, dass es tatsächlich *dieselbe* Person ist, der wir all diese Eigenschaften und Tätigkeiten zuschreiben. (Der Cartesianer müsste demgegenüber sagen, dass es der *Geist* von Hans ist, der sich an den letzten Urlaub erinnert, der über eine schwierige mathematische Aufgabe nachdenkt oder der ein wohliges Gefühl von Wärme empfindet, während es der *Körper* von Hans ist, der 1,80 m groß und 75 kg schwer ist, der sich im Wohnzimmer befindet oder der sich bei einem Spaziergang durch den Park bewegt.) Strawson zufolge ist es jedoch kein Zufall, dass wir umgangssprachlich Personen sowohl mentale als auch physische Eigenschaften zuschreiben. Vielmehr gibt es für diesen Sprachgebrauch überzeugende theoretische Gründe. Seine Darstellung dieser Gründe beginnt mit der Feststellung:

> Eine notwendige Bedingung dafür, sich selbst in der gewohnten Art Bewußtseinszustände, Erlebnisse, zuzuschreiben, ist, daß man sie ebenso anderen zuschreiben sollte oder bereit sein sollte, sie ihnen zuzuschreiben. (Strawson 1959, 127)[7]

Ich kann mir nur mentale Eigenschaften zuschreiben, wenn ich sie auch anderen zuschreiben kann

Mit anderen Worten: Ich kann mir selbst eine mentale Eigenschaft nur zuschreiben, wenn es zumindest *möglich* ist, diese Eigenschaft auch anderen zuzuschreiben. Warum sollte das so sein?

---

[7]   Die Übersetzung dieser und der folgenden Textstellen weicht teilweise von der der deutschen Ausgabe ab.

Der Grund liegt einfach in dem, was ein Prädikat ausmacht. Ein Prädikat ist ein sprachlicher Ausdruck wie ‚ist rot' oder ‚fühlt Zahnschmerzen', der auf eine ganze Reihe von Gegenständen zutreffen *kann* und der auf einen Gegenstand tatsächlich zutrifft, wenn dieser bestimmte Bedingungen erfüllt. Nun kann es natürlich sein, dass in einem speziellen Fall *de facto* nur ein Gegenstand oder vielleicht auch gar kein Gegenstand diese Bedingungen erfüllt, so dass das entsprechende Prädikat nur auf einen bzw. auf gar keinen Gegenstand zutrifft. Doch das ist nicht entscheidend. Denn Strawson sagt nur: Wenn *F* ein Prädikat ist, dann muss es *möglich* sein, *F* auf eine ganze Reihe von Dingen anzuwenden, d.h. dann müssen die entsprechenden Sätze *sinnvoll* (wenn auch nicht unbedingt wahr) sein.

> Der wesentliche Punkt ist hier ein rein logischer: Es besteht eine wechselseitige Abhängigkeit zwischen der Idee eines Prädikats und der Idee eines *Bereichs* von unterscheidbaren Individuen, denen das Prädikat sinnvoll, wenn auch nicht notwendigerweise wahrheitsgemäß, zugesprochen werden kann. (Strawson 1959, 127 Fn. 6)

Für die Strawsonsche Argumentation ist nun entscheidend, dass es unter Cartesianischen Bedingungen unmöglich ist, *anderen* mentale Eigenschaften zuzuschreiben.

> Eins ist hier sicher: *Wenn* man die Dinge, denen man – im Fall der Fremdzuschreibung – Bewußtseinszustände zuschreibt, als eine Menge von Cartesianischen Egos auffaßt, denen – in korrekter logischer Grammatik – nur private Erlebnisse zugeschrieben werden können, *dann* ist diese Frage nicht zu beantworten und das Problem unlösbar. (Strawson 1959, 128f.)

Der Grund dafür ist, dass man einem Wesen nur dann Eigenschaften zuschreiben kann, wenn man es zuerst identifizieren, d.h. von anderen Wesen unterscheiden und wiedererkennen kann, und dass genau dies bei Cartesianischen reinen Geistern unmöglich ist. Wir alle wissen, wie man z.B. einen Stuhl von anderen Stühlen unterscheidet, und wir haben auch Kriterien an der Hand, mit denen wir feststellen können, ob der Stuhl, der jetzt an der Wand steht, derselbe ist, auf dem wir gestern gesessen haben. Aber wie soll all dies bei reinen Geistern vor sich gehen, die ja keinerlei physische Eigenschaften haben, die also nicht wahrnehmbar sind und die nicht einmal einen Ort im Raum innehaben? Offenbar gibt es keinerlei Möglichkeit, solche Wesen voneinander zu unterscheiden oder festzustellen, ob eines dieser Wesen, mit dem wir es jetzt zu tun haben, mit dem identisch ist, mit dem wir es gestern zu tun hatten.

Man kann nur Wesen Eigenschaften zuschreiben, die man identifizieren kann

Nun könnte man einwenden, dass all dies vielleicht für jene reinen Geister zutrifft, die nicht mit einem Körper verbunden sind, dass wir aber einen Geist sehr wohl identifizieren können, sobald er über einen Körper verfügt, nämlich als ‚den Geist, der zu diesem Körper in genau der Beziehung steht, in der ich zu meinem Körper stehe' oder genauer als ‚den Geist, dessen mentale Zustände zu diesem Körper in genau der kausalen Beziehung stehen, in der *meine* mentalen Zustände zu meinem Körper stehen'. Doch auch dieser Vorschlag läuft ins Leere. Denn von *meinen* mentalen Zuständen kann erst geredet werden, wenn klar ist, dass auch andere mentale Eigenschaften haben können; und dafür wiederum ist erforderlich, dass es möglich ist, diese anderen zu identifizieren. Wenn man versucht, die Bedingungen für diese Identifikation daran zu binden, dass meine von anderen mentalen Zuständen unterschieden werden können, gerät man also in einen Zirkel. Außerdem: Wer sagt mir eigentlich, dass zu verschiedenen Zeiten nicht ganz verschiedene Geister mit demselben Körper oder dass sogar zu demselben Zeitpunkt ganz verschiedene Geister mit diesem Körper verbunden sind? Die Identität eines Körpers garantiert in keiner Weise die Identität des mit ihm verbundenen Geistes.

Personen müssen außer mentalen auch körperliche Eigenschaften haben

Strawson zufolge kann man sich aus diesen Schwierigkeiten nur befreien, indem man anerkennt, dass es sich beim Begriff der *Person* um einen Grundbegriff handelt, der nicht auf andere Begriffe zurückführbar ist. Der Begriff der Person ist dabei für ihn der Begriff eines Wesens, dem *sowohl mentale als auch körperliche Eigenschaften* zugeschrieben werden können.

> Mit dem Begriff der Person meine ich den Begriff eines Typs von Entitäten* derart, daß auf ein einzelnes Individuum dieses einzelnen Typs *sowohl* Prädikate, die Bewußtseinszustände zuschreiben, *als auch* Prädikate anwendbar sind, die körperliche Eigenschaften, eine physikalische Situation etc. zuschreiben. (Strawson 1959, 130)

Die Pointe der Strawsonschen Überlegungen ist also, dass die Cartesianische Idee, Menschen als die *Verbindung* eines Geistes und eines Körpers aufzufassen, völlig irregeleitet ist, da sich mit Hilfe der angeführten Gründe zeigen lässt, dass man mentale Eigenschaften überhaupt nur Wesen zuschreiben kann, die auch physische Eigenschaften haben. Denn nur solche Wesen sind identifizierbar. Strawson selbst drückt diese Schlussfolgerung so aus:

> [...] eine notwendige Bedingung dafür, daß Bewußtseinszustände überhaupt zugeschrieben werden, ist, daß sie *genau denselben*

Dingen zugeschrieben werden sollten wie bestimmte körperliche Eigenschaften, eine bestimmte physikalische Situation etc. Das heißt: Bewußtseinszustände könnten überhaupt nicht zugeschrieben werden, *wenn* sie *nicht* Personen zugeschrieben würden in dem Sinn, in dem ich dieses Wort verstehe. (Strawson 1959, 131)

Vielleicht ist es hilfreich, die sicher nicht ganz leicht zu verstehende Argumentation, die Strawson zu dieser Schlussfolgerung geführt hat, noch einmal kurz zusammenzufassen. Dies soll hier zunächst in Strawsons eigenen Worten geschehen.

Lassen Sie mich kurz die Schritte des Arguments wiederholen. Man könnte die eigenen Bewußtseinszustände oder Erlebnisse überhaupt keinem Ding zuschreiben, wenn man nicht auch bereit und in der Lage wäre, Bewußtseinszustände oder Erfahrungen anderer individuellen Entitäten zuzuschreiben, die zu demselben logischen Typ gehören wie das Ding, dem man die eigenen Bewußtseinszustände zuschreibt. Die Bedingung dafür, sich selbst als Subjekt derartiger Prädikate anzusehen, ist, daß man auch andere als Subjekte derartiger Prädikate ansehen sollte. Dies wiederum ist nur möglich unter der Bedingung, daß man imstande sein sollte, verschiedene Subjekte solcher Prädikate, d.h. verschiedene Individuen des besagten Typs voneinander zu unterscheiden, auszumachen oder zu identifizieren. Dies wiederum ist nur unter der Bedingung möglich, daß die besagten Individuen, einschließlich einem selbst, einem bestimmten einzigartigen Typ angehören sollten: einem Typ von der Art nämlich, daß jedem Individuum dieses Typs *sowohl* Bewußtseinszustände *als auch* körperliche Charakteristika zugeschrieben werden oder zuschreibbar sein müssen. (Strawson 1959, 133f.)

In knappen Worten lassen sich Strawsons Argumente so zusammenfassen:

Die Struktur der Argumentation Strawsons

(1) Dass man mentale Zustände anderen zuschreiben kann, ist eine notwendige Bedingung dafür, dass man sie sich selbst zuschreiben kann.

(2) Man kann mentale Zustände anderen Wesen nur zuschreiben, wenn man in der Lage ist, diese Wesen zu identifizieren und voneinander zu unterscheiden.

(3) Man könnte andere Wesen nicht identifizieren und voneinander unterscheiden, wenn diese reine Geister im Sinne Descartes' wären. Man kann Wesen nur identifizieren und voneinander

> unterscheiden, wenn sie auch körperliche Eigenschaften haben.
>
> Also:
> (4) Subjekte von mentalen Zuständen müssen außer mentalen auch körperliche Eigenschaften haben, d.h. sie können keine reinen Geister im Sinne Descartes', sondern nur Personen sein.

Unabhängig von ihrer spezifischen Pointe scheint mir diese Argumentation insbesondere deshalb ausgesprochen hilfreich, weil sie sehr nachdrücklich auf die begrifflichen Probleme aufmerksam macht, die mit der Cartesianischen Idee einer reinen *res cogitans* verbunden sind – Probleme, die an den folgenden Fragen deutlich werden: Welche Gründe könnten dafür sprechen, dass es (außer mir) noch andere reine Geister gibt? Wie lassen sich reine Geister voneinander unterscheiden? Und mit Hilfe welcher Kriterien lässt sich die Identität reiner Geister feststellen?

Können reine Geister wahrnehmen und was nehmen sie wahr?

Und diese Liste lässt sich noch verlängern: Können reine Geister wahrnehmen und, wenn ja, was nehmen sie wahr? Wenn ein Mensch einen Baum sieht, dann ist der visuelle Eindruck, den er dabei hat, von seinen *physischen* Eigenschaften abhängig – davon, aus welcher Richtung er auf diesen Baum schaut und wie weit er von ihm entfernt ist, und ebenso davon, wie seine Augen und sein Gehirn das einfallende Licht verarbeiten. Reine Geister haben aber keine physischen Eigenschaften. Was bestimmt also ihre Wahrnehmungseindrücke, wenn sie überhaupt welche haben? Können reine Geister ultraviolettes Licht sehen oder Töne von mehr als 16000 Hz hören? Gibt es Eigenschaften (Magnetismus, elektrische Ladung), die reine Geister wahrnehmen können, obwohl wir das nicht können? Ähnelt das Wahrnehmungsvermögen reiner Geister vielleicht eher dem von Fledermäusen als dem unseren? Können reine Geister vielleicht sogar alles wahrnehmen? Und was würde das heißen?

Wie kommunizieren reine Geister?

Ähnliche Fragen stellen sich im Hinblick auf die Kommunikationsfähigkeit reiner Geister. Wie bringen sie es überhaupt fertig, miteinander zu kommunizieren? Sicher können sie zur Kommunikation kein physisches Medium verwenden. Könnte es also sein, dass sie sich ihre Gedanken direkt, ohne die Unterstützung durch ein Medium mitteilen? Aber wie könnte das geschehen? Vielleicht hat ein Geist einfach den Eindruck, dass ihm ein anderer Geist etwas mitteilen will. Aber wie ist es, wenn ihm ver-

schiedene Geister gleichzeitig etwas mitteilen möchten? Emp-
fängt er ihre Botschaften gleichzeitig oder nacheinander? Und
wie kann er unterscheiden, wer ihm etwas mitteilt, und wie kann
er den Fall, dass ihm etwas mitgeteilt wird, von dem unterscheiden, dass er nur den Eindruck hat, dass ihm etwas mitgeteilt
wird?

All dies sind Fragen, auf die es einfach keine Antworten zu
geben scheint und die damit deutlich machen, dass irgend etwas
an der Konzeption reiner Geister grundlegend verkehrt ist. Natürlich könnte man gegen diese Schlussfolgerung einwenden,
dass die aufgeführten Fragen nur für *körperlose* Geister unbeant-
wortbar sind, für Geister, die nicht mit einem Körper verbunden
sind. Aus diesen Fragen ergeben sich Probleme also nur für die
Annahme, dass reine Geister auch ohne jeden Körper existieren
können, nicht aber für die Annahme der Existenz von reinen
Geistern überhaupt. Auf diesen Einwand lässt sich aber erwidern,
dass es, wenn Geister nur in Verbindung mit einem Körper existieren können, keinen Grund mehr für die Annahme gibt, diese
Geister und nicht die Körper selbst seien die eigentlichen Träger
mentaler Eigenschaften. Und dies gilt natürlich um so mehr, als
die Position des Substanzdualismus auch in dieser abgeschwäch-
ten Form immer noch mit all den Problemen konfrontiert ist, die
schon im letzten Abschnitt angesprochen wurden.

3 Das Problem mentaler Eigenschaften

Wie schon im ersten Teil erläutert gibt es neben dem Problem mentaler Substanzen noch das Problem mentaler Eigenschaften. Auch wenn man nicht an die Existenz einer immateriellen Seele glaubt, kann man immer noch Dualist sein – Dualist im Hinblick auf mentale Eigenschaften. D.h., man kann die These vertreten:

> Mentale Eigenschaften sind in dem Sinne *ontologisch selbstständig*, dass sie weder selbst physische Eigenschaften sind noch auf physische Eigenschaften reduziert werden können.

Eigenschaftsdualismus

Die These des Eigenschaftsphysikalismus – der Gegenposition zum Eigenschaftsdualismus – lautet dann:

> Mentale Eigenschaften sind *nicht* ontologisch selbstständig; sie sind selbst physische Eigenschaften oder auf solche Eigenschaften reduzierbar.

Eigenschaftsphysikalismus

Offenbar kann man sich mit diesen Thesen erst dann vernünftig auseinander setzen, wenn geklärt ist, was es denn eigentlich heißt, dass eine Eigenschaft eine physische Eigenschaft ist bzw. auf physische Eigenschaften reduziert werden kann. Tatsächlich hat die Diskussion dieser Vorfrage in den letzten Jahrzehnten fast genauso viel Raum eingenommen wie der Streit darüber, ob mentale Eigenschaften tatsächlich ontologisch eigenständig sind. In diesem Kapitel sollen zuerst die Antworten auf die Frage erläutert werden, worauf der Eigenschaftsphysikalismus überhaupt hinausläuft. Im nächsten Kapitel wird es dann darum gehen, welche Argumente für und gegen den Eigenschaftsphysikalismus sprechen.

3.1 Die Analytische Identitätstheorie[1]

Die erste und naheliegendste Lesart der These des Eigenschaftsphysikalismus lautet:

(I) Der Eigenschaftsphysikalismus ist genau dann wahr, wenn alle mentalen Eigenschaften mit physischen Eigenschaften *identisch* sind.

Doch das führt zunächst zu einer neuen Frage: Was heißt es denn, dass Eigenschaften identisch sind? Vielleicht hilft hier eine Analogie. Offenbar kann man die Frage, ob Mark Twain und Samuel Clemens identisch sind, auch so stellen: Bezeichnen die beiden Namen ‚Mark Twain' und ‚Samuel Clemens' dieselbe Person? Denn generell gilt für Personen oder, allgemein, Einzelgegenstände, dass Identitätsaussagen der Form „*a* = *b*" genau dann wahr sind, wenn die Namen ‚*a*' und ‚*b*' dieselbe Person bzw. denselben Gegenstand bezeichnen. Wenn das so ist, kann man aber auch der Frage nach der Identität von Eigenschaften eine linguistische Form geben: Wann drücken zwei Prädikate dieselbe Eigenschaft aus? Denn auch Eigenschaftsidentitätsaussagen der Form „*F* = *G*" sind genau dann wahr, wenn die Prädikate ‚*F*' und ‚*G*' für dieselbe Eigenschaft stehen. Eine mentale Eigenschaft *M* ist also genau dann mit der physischen Eigenschaft *P* identisch, wenn die entsprechenden Prädikate ‚*M*' und ‚*P*' für dieselbe (physische) Eigenschaft stehen. Doch wann ist das der Fall? Wann stehen die Prädikate ‚*F*' und ‚*G*' für dieselbe Eigenschaft?

Eine klassische Antwort auf diese Frage findet sich in *Rudolf Carnaps* (1891–1970) *Meaning and Necessity* (1956): Zwei Prä-

---

[1] Die Spielart des Eigenschaftsphysikalismus, die in diesem Abschnitt behandelt wird, verdient den Namen ‚Analytische Identitätstheorie', weil für sie die These zentral ist, dass sich die Identität mentaler und physischer Eigenschaften aus dem *Sinn* mentaler Prädikate ergibt, d.h. genauer daraus, dass es für jedes mentale Prädikat ein synonymes Prädikat der physikalischen Sprache gibt.
In der Literatur wird diese Position allerdings häufig mit dem *Logischen Behaviorismus* gleichgesetzt, d.h. mit der These, dass mentale Zustände nichts weiter sind als Verhaltensdispositionen. Diese Gleichsetzung scheint mir ungerechtfertigt. Denn die These des Logischen Behaviorismus beinhaltet eine zu starke Einschränkung auf Verhaltensaspekte, die ja nicht den ganzen Bereich dessen ausmachen, was sich in physikalischer Sprache ausdrücken lässt. Der Logische Behaviorismus ist daher eher eine Unterart der Analytischen Identitätstheorie.

dikate stehen genau dann für dieselbe Eigenschaft, wenn sie *synonym* sind (Carnap 1956, § 4). Wenn man der Meinung ist, dass mentale Eigenschaften mit physischen Eigenschaften identisch sind, und wenn man Carnaps Auffassung über die Identität von Eigenschaften teilt, muss man daher die These vertreten, dass es zu jedem mentalen Prädikat ein synonymes Prädikat der physikalischen Sprache gibt. Und genau diese These findet sich in den Arbeiten der Vertreter des Wiener Kreises* unter dem Stichwort „Die physikalische Sprache als Universalsprache der Wissenschaft" (1932a). Besonders prägnant formuliert sie Carnap selbst in seinem Aufsatz „Psychologie in physikalischer Sprache" (1932b):

> Es soll im folgenden die These erläutert und begründet werden, *dass jeder Satz der Psychologie in physikalischer Sprache formuliert werden kann* [...] Dies ist eine Teilthese der allgemeinen These des *Physikalismus*, dass *die physikalische Sprache eine Universalsprache ist*, d.h. eine Sprache, in die jeder Satz übersetzt werden kann. [...] Der Physikalismus ist nicht so zu verstehen, als wolle er der Psychologie vorschreiben, nur physikalisch ausdrückbare Sachverhalte zu behandeln. Es ist vielmehr gemeint: die Psychologie mag behandeln, was sie will, und ihre Sätze formulieren, wie sie will; in jedem Fall sind diese Sätze in die physikalische Sprache übersetzbar. (1932b, 107f.)

Carnap zufolge gilt also das Prinzip:

> (AI) Zu jedem psychologischen Satz *S* gibt es einen *bedeutungsgleichen* Satz *S'* der physikalischen Sprache.

Aber nicht nur das:

> Die Übersetzbarkeit aller Sätze einer Sprache L_1 in eine [...] andere Sprache L_2 ist [...] gewährleistet, wenn für jeden Ausdruck von L_1 eine Definition vorliegt, die ihn [...] auf Ausdrücke von L_2 zurückführt. Unsere These besagt also, dass für jeden psychologischen Begriff [...] eine Definition aufgestellt werden kann, durch die er [...] auf physikalische Begriffe zurückgeführt ist. (1932b, 109)

Neben dem Prinzip (AI) gilt nach Carnap also auch das Prinzip:

> (AI') Jedes mentale Prädikat lässt sich mit Hilfe von Ausdrücken der physikalischen Sprache *definieren*.

Wir können somit festhalten, dass es für die Grundidee der Analytischen Identitätstheorie zumindest zwei Formulierungen gibt:

Grundidee der Analytischen Identitätstheorie

> **Analytische Identitätstheorie (Version 1)**
> Der Eigenschaftsphysikalismus ist genau dann wahr, wenn jeder psychologische Satz *S* in einen Satz der physikalischen Sprache *übersetzt* werden kann, d.h., wenn es zu jedem psychologischen Satz S einen *bedeutungsgleichen* Satz *S'* der physikalischen Sprache gibt.
>
> **Analytische Identitätstheorie (Version 2)**
> Der Eigenschaftsphysikalismus ist genau dann wahr, wenn sich jedes mentale Prädikat mit Hilfe von Ausdrücken der physikalischen Sprache *definieren* lässt.

Carnaps Argumente für die Analytische Identitätstheorie

Was spricht dafür, dass der so verstandene Eigenschaftsphysikalismus wahr ist? Die ursprüngliche Argumentation Carnaps beruht auf der Unterscheidung zwischen Systemsätzen und Protokollsätzen. Systemsätze sind die Sätze der Wissenschaften – etwa die Sätze der Physik, der Chemie, der Biologie und der Psychologie. Protokollsätze dagegen sind die Sätze, mit deren Hilfe Systemsätze überprüft werden. Wie Protokollsätze genau aussehen, darüber hat es im Wiener Kreis eine komplizierte und etwas unübersichtliche Debatte gegeben. Für uns reicht hier die vereinfachende Feststellung, dass Protokollsätze die Sätze sind, in denen Wissenschaftler ihre Beobachtungen niederschreiben. Sehr grob gesprochen sind Protokollsätze in etwa dasselbe wie Beobachtungssätze.

Carnaps These besagt nun, dass es für jeden Satz der Psychologie einen bedeutungsgleichen Satz der physikalischen Sprache gibt. Wie man sich das vorzustellen hat, erläutert er an folgendem Beispiel. Betrachten wir den Satz

(1) Herr *A* ist jetzt aufgeregt.

Wie könnte ein Satz der physikalischen Sprache aussehen, der dieselbe Bedeutung hat wie (1)? Carnap zufolge in etwa so:

(2) Der Leib des Herrn *A*, und insbesondere sein Zentralnervensystem, hat eine physikalische (Mikro-)Struktur, die dadurch gekennzeichnet ist, dass Atmungs- und Pulsfrequenz erhöht ist und sich auf gewisse Reize hin noch weiter erhöht, dass auf Fragen meist heftige und sachlich unbefriedigende Antworten gegeben werden, dass auf gewisse Reize hin erregte Bewegungen eintreten und dergl. (Carnap 1932b, 112-115)

Aber warum sollten die Sätze (1) und (2) dieselbe Bedeutung haben? Für Carnap ergibt sich die Antwort auf diese Frage aus seiner Theorie der Satzbedeutung:

> Die *Nachprüfung* (Verifikation) von Systemsätzen durch ein Subjekt S geschieht dadurch, dass aus diesen Sätzen Sätze der Protokollsprache des S abgeleitet und mit den Sätzen des Protokolls des S verglichen werden. Die Möglichkeit derartiger Ableitungen von Sätzen der Protokollsprache macht den *Gehalt* eines Satzes aus; besteht für einen Satz kein derartiger Ableitungszusammenhang, so besitzt er keinen Gehalt, ist sinnlos; ist aus zwei Sätzen dasselbe ableitbar, so sind sie gehaltgleich, besagen dasselbe, sind ineinander übersetzbar. (1932b, 108)

Sätze haben nach Carnap also genau dann dieselbe Bedeutung, wenn aus ihnen dieselben Protokollsätze abgeleitet werden können, und genau das ist seiner Meinung nach bei den Sätzen (1) und (2) der Fall.

Generell ist Carnaps Gedankengang offenbar folgender: Der Gehalt eines Satzes besteht aus der Menge der Protokollsätze, die aus ihm abgeleitet werden können; Protokollsätze geben aber Beobachtungen wieder, und beobachtbar sind letzten Endes nur physikalische Gegenstände bzw. physikalische Eigenschaften;[2] also gibt es zu jedem Satz *S* einen gehaltgleichen Satz der physikalischen Sprache, nämlich den Satz, der aus der *Zusammenfassung* aller Protokollsätze besteht, die aus *S* abgeleitet werden können. Der Satz (2) hat daher *genau deshalb* dieselbe Bedeutung wie der Satz (1), weil – und insofern – er die Zusammenfassung aller Protokollsätze ist, die aus (1) abgeleitet werden können.

Offenbar hängt die Plausibilität dieser Schlussfolgerung insbesondere von zwei Dingen ab. Erstens von der Plausibilität der verifikationistischen* Theorie der Satzbedeutung, von der Carnap ausgeht, und zweitens von der Plausibilität der Annahme, dass sich tatsächlich *alle* Testsätze, die für die Überprüfung eines psychologischen Satzes relevant sind, ausschließlich in physikalischem Vokabular formulieren lassen. Bei näherem Hinsehen sind aber diese Annahmen beide recht unplausibel.

Konzentrieren wir uns bei der Kritik auf die zweite Annahme, die offenbar auf der These beruht, dass sich alle (auch alle men-

Kritik an der Analytischen Identitätstheorie

Lassen sich mentale Begriffe in physikalischer Sprache definieren?

---

2   Genauer sollte man vielleicht sagen: Ein Satz ist nur dann *intersubjektiv* überprüfbar, wenn sich die Protokollsätze, die aus ihm abgeleitet werden können, auf öffentlich Zugängliches, d.h. auf physikalische Gegenstände bzw. physikalische Eigenschaften beziehen. (Vgl. Kim 2005, 60ff.)

talen) Prädikate in physikalischer Sprache definieren lassen. Ist diese These wirklich haltbar? Nehmen wir etwa das Prädikat „x möchte ein Bier trinken'. Wie könnte eine plausible Definition dieses Prädikats in physikalischer Sprache aussehen? Auf den ersten Blick scheint der folgende Versuch ganz erfolgversprechend.

(1) x möchte genau dann ein Bier trinken, wenn gilt:
> wenn x zu Hause ist und sich ein Bier im Kühlschrank befindet, holt x sich das Bier aus dem Kühlschrank, und wenn x in der Kneipe ist, bestellt sich x ein Bier, und wenn man x ein Bier anbietet, nimmt x es sofort an, usw.

Mentale Begriffe als Cluster-Begriffe

Der zweite Blick zeigt jedoch, dass dieser Definitionsversuch gleich eine ganze Reihe von Schwachstellen hat.

Der *erste* wunde Punkt ist das ‚usw.' am Ende. Es ist zwar richtig, dass der Wunsch, ein Bier zu trinken, mit einer ganzen Reihe von typischen Verhaltensweisen einhergeht; aber welche dieser Verhaltensweisen sind für die Bedeutung des zu definierenden Prädikats relevant? Mit welchen zusätzlichen Bedingungen könnte man die Definition (1) vervollständigen? Gehört z.B. die Bedingung ‚wenn man x fragt, ob er ein Bier möchte, antwortet x bejahend' dazu?

Das allgemeine Problem ist: Wer ein Bier möchte, zeigt in der Regel eine ganze Reihe von typischen Verhaltensweisen; aber keine einzige dieser Verhaltensweisen ist eine *notwendige* Bedingung dafür, dass er ein Bier möchte. Jede dieser Bedingungen ist verzichtbar. Technisch redet man in einem solchen Fall von einem *Cluster-Begriff*, einem Begriff, für dessen Zutreffen eine ganze Menge von Kriterien relevant sind, wobei jedoch keines dieser Kriterien notwendig ist. Man sagt, dass dieser Begriff zutrifft, wenn hinreichend viele der Kriterien erfüllt sind. Aber es gibt keine Antwort auf die Frage, welche Kriterien genau erfüllt sein müssen. Aus diesem Grunde ist es prinzipiell unmöglich, Cluster-Begriffe durch die Angabe von notwendigen und hinreichenden Bedingungen explizit zu definieren.

Definition (1) ist nicht adäquat

Ebenso gravierend ist ein *zweiter* Schwachpunkt der Definition (1). Sie ist nämlich nur dann adäquat, wenn jeder, der ein Bier möchte, auch die im Definiens* angegebenen Bedingungen erfüllt, d.h., wenn es zu dieser Definition keine *Gegenbeispiele* gibt. Genau dies ist jedoch bei der Definition (1) der Fall. Denn natürlich gilt nicht *generell*, dass jeder, der ein Bier trinken möchte,

- ein Bier aus dem Kühlschrank holt, wenn er zu Hause ist und sich ein Bier im Kühlschrank befindet,
- ein Bier bestellt, wenn er in der Kneipe ist, und
- ein angebotenes Bier sofort annimmt.

Selbst wenn ihm der Sinn eindeutig nach einem Bier steht, wird er

- das erste nämlich *nicht* tun, wenn er nicht *glaubt*, dass im Kühlschrank ein Bier ist;
- das zweite *nicht* tun, wenn ihm etwas anderes *wichtiger* ist, wenn er etwa sofort nach Hause will;
- und das dritte *nicht* tun, wenn er einen *Grund* hat, das Bier nicht anzunehmen, etwa weil er gerade erzählt hat, er werde ein Jahr lang keinen Tropfen Alkohol anrühren.

Zumindest wird man also versuchen müssen, die Definition (1) zu verbessern, indem man diese Umstände mit berücksichtigt:

(1')   *x* möchte genau dann ein Bier trinken, wenn gilt:

wenn *x* zu Hause ist, holt *x* sich ein Bier aus dem Kühlschrank, *falls x glaubt, dass sich im Kühlschrank ein Bier befindet*, und

wenn *x* in der Kneipe ist, bestellt *x* sich ein Bier, *falls x keinen wichtigeren Wunsch hat, der damit unvereinbar ist*, und

wenn man *x* ein Bier anbietet, nimmt *x* es sofort an, *falls x keinen Grund hat, das Bier abzulehnen*, usw.

Doch auch zu dieser verbesserten Definition gibt es immer noch Gegenbeispiele. Und, was noch wichtiger ist: Die im Definiens angeführten Bedingungen enthalten selbst wieder mentale Prädikate.

Damit sind wir beim *dritten* Problem: Das Definiens von (1') ist gar nicht mehr in physikalischer Sprache formuliert. Und es ist auch nicht zu sehen, wie die notwendigen Qualifikationen, die zur Definition (1') führten, *ohne* die Verwendung mentaler Ausdrücke formuliert werden könnten. Denn diese Ausdrücke lassen sich ihrerseits ebenfalls nicht in rein physikalischer Sprache definieren. Offenbar kommt man also an der Schlussfolgerung nicht vorbei: *Es ist unmöglich, mentale Ausdrücke zirkelfrei in physikalischer Sprache zu definieren.* Carnaps These, dass es zu jedem mentalen Prädikat ein synonymes Prädikat der physikalischen Sprache gibt, ist also nicht haltbar.

Mentale Begriffe lassen sich nicht zirkelfrei in physikalischer Sprache definieren

Die klassischen Texte zur Analytischen Identitätstheorie sind nach wie vor Carnap 1932b und Hempel 1935; aber auch Ryle 1949 wird zu den Vertretern dieser Theorie gezählt. Die zentrale Kritik findet sich zuerst in Chisholm 1957, ch. 11.

3.2 Die klassische Identitätstheorie

Prädikate können auch dann für dieselbe Eigenschaft stehen, wenn sie nicht synonym sind

Wir haben gesehen, dass der Versuch, mentale Ausdrücke in physikalischer Sprache zu definieren, scheitert und scheitern muss. Wenn das so ist, folgt dann aber nicht zwingend, dass mentale Eigenschaften nicht mit physischen Eigenschaften identisch sind? Natürlich folgt das, *wenn* man Carnaps Auffassung darüber teilt, wann zwei Prädikate für dieselbe Eigenschaft stehen. Aber diese Auffassung ist – trotz ihrer *prima facie* Plausibilität – keineswegs unproblematisch. Schon mit einfachen Beispielen kann man dies zeigen. Wenn etwa Blau Klaras Lieblingsfarbe ist, dann stehen die Prädikate „*x* ist blau' und „*x* hat Klaras Lieblingsfarbe' für dieselbe Eigenschaft, obwohl sie nicht synonym sind. Und wenn Gutsein die von Platon am meisten geschätzte Eigenschaft ist, dann stehen die Prädikate „*x* ist gut' und „*x* hat die von Platon am meisten geschätzte Eigenschaft' für dieselbe Eigenschaft, obwohl sie nicht synonym sind. Wichtiger als diese Beispiele ist jedoch, dass auch die Entwicklung der modernen Naturwissenschaft Zweifel an Carnaps Auffassung nährt. Heute wird allgemein akzeptiert, dass die Temperatur eines Gases identisch ist mit der mittleren kinetischen Energie seiner Moleküle, dass Blitze identisch sind mit bestimmten elektrischen Entladungen und dass Wasser identisch ist mit H_2O. Auch in diesen Fällen sind die jeweiligen Prädikate aber keineswegs synonym. Es ist also durchaus möglich, dass nicht synonyme Prädikate für dieselbe Eigenschaft stehen.

Die klassische Identitätstheorie von Place und Smart

Auf dieser Einsicht beruht eine Ende der 50er Jahre besonders von *Ullin T. Place* (1924–2000) und *John J. C. Smart* (*1920) entwickelte Theorie (vgl. bes. Place 1956 und Smart 1959).[3] Diese Theorie ist unter dem Namen ‚Identitätstheorie' bekannt geworden, obwohl sie diesen Namen eigentlich nicht allein beanspru-

---

[3]   Fast zeitgleich entwickelte *H. Feigl* in seinem langen Aufsatz „The ‚Mental' and the ‚Physical'" (1958) eine sehr ähnliche Überlegung. Als eine Version der Identitätstheorie gilt auch die Theorie, die *D. Armstrong* in (1968) vertritt.

chen kann. Denn wie wir schon gesehen haben, kann auch die Analytische Identitätstheorie als eine Variante der Identitätstheorie verstanden werden.

Die Grundidee der Identitätstheorie von Place und Smart lautet jedenfalls: Auch wenn mentale Prädikate nicht in physikalischer Sprache definierbar sind, können Empfindungen mit Gehirnprozessen identisch sein – und zwar genau in dem Sinne, in dem die Temperatur eines Gases identisch ist mit der mittleren kinetischen Energie seiner Moleküle, Wasser identisch ist mit H_2O und Blitze identisch sind mit elektrischen Entladungen.

Allerdings: Wenn Empfindungen in diesem Sinne mit Gehirnprozessen identisch sein sollen, dann muss es sich dabei um eine *nicht-analytische* Identität* handeln, da sich die Wahrheit der entsprechenden Identitätsaussagen in diesem Fall nicht schon aus dem Sinn der jeweiligen Prädikate ergibt. Als erste Formulierung der klassischen Identitätstheorie von Place und Smart ergibt sich somit:

(KI) Empfindungen („sensations') sind *nicht-analytisch* identisch mit Gehirnprozessen, so wie Temperatur *nicht-analytisch* identisch ist mit der mittleren kinetischen Energie der Moleküle eines Gases, Wasser *nicht-analytisch* identisch ist mit H_2O und Blitze *nicht-analytisch* identisch sind mit elektrischen Entladungen.

Diese Formulierung ist jedoch aus zwei Gründen verbesserungsbedürftig. Erstens haben Place und Smart ihre Identitätstheorie zunächst bewusst auf Empfindungen beschränkt, da sie der Meinung waren, dass intentionale Zustände wohl doch in Verhaltensbegriffen definiert werden können. Wir haben jedoch gesehen, dass auch dieser eingeschränkte Optimismus verfehlt ist. Also sollte die Identitätstheorie auf alle mentalen Zustände ausgedehnt werden.

Zweitens sollen nach der Formulierung (KI) Empfindungen bzw. mentale Zustände mit Gehirn*prozessen* identisch sein; und dies ist sicher nicht möglich. Denn mentale Zustände gehören ontologisch gesehen zur Kategorie der Eigenschaften, Gehirnprozesse dagegen zur Kategorie der *Ereignisse*. Der Versuch, Eigenschaften mit Ereignissen zu identifizieren, muss jedoch in einem Kategorienfehler* enden. Oder mit anderen Worten: Wenn überhaupt, dann können mentale Eigenschaften und Zustände nur mit physischen Eigenschaften und Zuständen identisch sein.

In der folgenden endgültigen Formulierung der klassischen Identitätstheorie werden diese beiden Punkte berücksichtigt. Außerdem sei daran erinnert, dass eine Identitätsaussage der Form „$a = b$" genau dann wahr ist, wenn die Ausdrücke ‚a' und ‚b' dasselbe bezeichnen bzw. für dasselbe stehen. Aus diesem Grund gibt es zumindest drei Möglichkeiten, die Identitätstheorie zu formulieren:

(1) Mentale Zustände sind mit Gehirnzuständen (bzw. generell mit physischen Zuständen) identisch.

(2) Die Prädikate, mit denen wir mentale Zustände zuschreiben, stehen für physische Zustände.

(3) Zu jedem mentalen Prädikat ‚M' gibt es ein physisches Prädikat ‚P', so dass ‚M' und ‚P' dieselbe Eigenschaft bzw. denselben Zustand ausdrücken.

Es scheint mir deshalb sinnvoll, zumindest zwei Versionen der klassischen Identitätstheorie anzuführen, die allerdings äquivalent sind.

Klassische Identitätstheorie (Version 1)
Der Eigenschaftsphysikalismus ist genau dann wahr, wenn jede mentale Eigenschaft bzw. jeder mentale Zustand *nicht-analytisch* identisch ist mit einer physischen Eigenschaft bzw. einem physischen Zustand.

Klassische Identitätstheorie (Version 2)
Der Eigenschaftsphysikalismus ist genau dann wahr, wenn jedes mentale Prädikat *de facto* für eine physische Eigenschaft steht. Oder: Wenn es zu jedem mentalen Prädikat ‚M' ein physisches Prädikat ‚P' gibt, so dass ‚M' und ‚P' dieselbe Eigenschaft ausdrücken, obwohl sie nicht *synonym* sind.

3.2.1 Identität und reduktive Erklärbarkeit

Gibt es Kriterien dafür, dass die Eigenschaften F und G identisch sind, d.h., dass das Prädikat ‚F' für dieselbe Eigenschaft steht wie das Prädikat ‚G'? Das klassische Beispiel für eine nicht-analytisch wahre Eigenschaftsidentitätsaussage ist die schon erwähnte Aussage, dass die Temperatur eines Gases identisch ist mit der mittleren kinetischen Energie seiner Moleküle. Oder genauer:

(4) Die Eigenschaft eines Gases, eine Temperatur von T Kelvin zu haben, ist identisch mit seiner Eigenschaft, dass die mittlere kinetische Energie seiner Moleküle

$$\frac{2}{3k} \cdot \frac{\overline{mv^2}}{2} \text{ Joule beträgt.}[4]$$

Was ist der Grund dafür, dass diese Aussage allgemein für wahr gehalten wird? In der Literatur findet man häufig die Antwort: Die Aussage (4) ist wahr, weil sich die klassische Thermodynamik auf die statistische Mechanik *reduzieren* lässt. Was ist damit gemeint? Und was hat Theorienreduktion mit Eigenschaftsidentität zu tun?

Nicht-analytische Identitäten und Theorienreduktion

Der *klassische* Begriff der Theorienreduktion geht zurück auf *Ernest Nagel* (1901–1985), der diesen Begriff in *The Structure of Science* (1961) folgendermaßen definiert:

Theorienreduktion nach Ernest Nagel

Eine Theorie T_1 lässt sich genau dann auf eine Theorie T_2 reduzieren, wenn alle Gesetze von T_1 – evtl. mit Hilfe geeigneter Brückengesetze – aus den Gesetzen von T_2 abgeleitet werden können.

Brückengesetze werden benötigt, wenn die zu reduzierende Theorie T_1 Begriffe enthält, die in der reduzierenden Theorie T_2 nicht vorkommen.

Um zu zeigen, dass sich die klassische Thermodynamik auf die statistische Mechanik *reduzieren* lässt, muss man also zeigen, dass sich die Gesetze der klassischen Thermodynamik aus den Gesetzen der statistischen Mechanik ableiten lassen. Nehmen wir als Beispiel das Gesetz von Boyle und Charles:

(BC) $P \cdot V = N \cdot k \cdot T$ [5]

Lässt sich dieses Gesetz aus der statistischen Mechanik ableiten? Nicht direkt, denn aus den Annahmen der statistischen Mechanik folgt zunächst nur das Gesetz

---

[4] Genau genommen bezeichnet der Ausdruck ‚$\frac{2}{3k} \cdot \frac{\overline{mv^2}}{2}$‘ natürlich nicht die mittlere kinetische Energie, sondern $2/3k \times$ die mittlere kinetische Energie der Moleküle eines Gases. Die Proportionalitätskonstante $2/3k$ enthält die Boltzmann-Konstante k.

[5] In den Gleichungen (BC) und (BC′) ist N die Anzahl der Gasmoleküle im Volumen V und k die Boltzmann-Konstante.

(BC') $P \cdot V = N \cdot k \cdot \dfrac{m\overline{v^2}}{3k}$

Wenn man aber als Brückengesetz das Gesetz

(*) $T = \dfrac{2}{3k} \cdot \dfrac{m\overline{v^2}}{2}$

hinzu nimmt, kann man aus (BC') offenbar (BC) ableiten. Die klassische Thermodynamik ist also in der Tat aus der statistischen Mechanik ableitbar. Aber das ist letztlich gar nicht entscheidend. Entscheidend ist allein, dass sich aus der statistischen Mechanik unter anderem das Gesetz (BC') ableiten lässt. Warum?

Nun, offenbar ist es plausibel anzunehmen, dass sich die kausale Rolle einer Eigenschaft in den Gesetzen ausdrückt, die für Gegenstände mit dieser Eigenschaft gelten. D.h., in den Gesetzen der klassischen Thermodynamik wird unter anderem die kausale Rolle der Eigenschaft Temperatur ausgedrückt. Wenn wir in der statistischen Mechanik unter anderem das Gesetz (BC') ableiten können, zeigt das aber, dass die mittlere kinetische Energie der Moleküle eines Gases – genauer: die durch den Ausdruck bezeichnete Eigenschaft – dieselbe kausale Rolle spielt wie die Temperatur des Gases. Und genau das ist der Umstand, der dafür spricht, dass die mittlere kinetische Energie der Moleküle eines Gases und seine Temperatur identisch sind.

Identität und reduktive Erklärbarkeit

Noch genauer formuliert *Joseph Levine* (*1952) diesen Zusammenhang in seinem Aufsatz „Materialism and Qualia: The Explanatory Gap". Was spricht für die Wahrheit der Aussage

(5)   Die Temperatur eines Gases ist identisch mit der mittleren kinetischen Energie seiner Moleküle?

Nach Levine zunächst der Umstand, dass es in einem gewissen Sinne *undenkbar* ist, dass in einem Gas die mittlere kinetische Energie der Moleküle einen bestimmten Wert (sagen wir, 6.21×10^{-21} Joule) hat, dieses Gas aber nicht die entsprechende Temperatur von 300 K besitzt. Nach Levine liegt dies daran, dass die Aussage (5) *vollständig explanatorisch* ist. Was ist damit gemeint?

Wenn man uns fragen würde, was wir mit dem Ausdruck ‚Temperatur' meinen, würden wir antworten:

(5')   Temperatur ist die Eigenschaft von Körpern, die in uns bestimmte Wärme- bzw. Kälteempfindungen hervorruft, die dazu führt, dass die Quecksilbersäule in Thermometern, die mit diesen Körpern in Berührung kommen, steigt oder fällt, die bestimmte chemische Reaktionen auslöst, und so weiter.

Wir würden Temperatur also allein durch ihre *kausale Rolle* charakterisieren. Dies würde als Antwort auf die gestellte Frage jedoch nicht ausreichen, wenn nicht noch ein zweiter Punkt hinzukäme. „[…] unsere Kenntnis der Physik und Chemie [macht] es verständlich […], wie es dazu kommt, dass etwas wie die Bewegung von Molekülen die kausale Rolle spielen kann, die wir mit Temperatur verbinden." (Levine 1983, 357) Der explanatorische Charakter der Aussage (5) beruht also auf *zwei* Tatsachen:

1. Unser Begriff von Temperatur erschöpft sich vollständig in ihrer kausalen Rolle.
2. Die Physik kann verständlich machen, dass die mittlere kinetische Energie der Moleküle eines Gases genau diese kausale Rolle spielt.

Mit anderen Worten: Levine zufolge ist die Aussage (5) vollständig explanatorisch, weil aus den Gesetzen der Physik folgt, dass die mittlere kinetische Energie der Moleküle eines Gases genau die kausale Rolle spielt, durch die die Eigenschaft Temperatur charakterisiert ist. Verallgemeinert heißt das offenbar: Wenn es für die Eigenschaft F eine bestimmte *Analyse* gibt und aus den allgemeinen Gesetzen der Physik folgt, dass die Eigenschaft G genau diese Analyse erfüllt, dann ist das ein (zwingendes?) Argument für die Identität von F und G. Oder wie Levine selbst es formuliert: Wenn die Eigenschaft F mit Bezug auf die Eigenschaft G *reduktiv erklärt* werden kann, dann ist das ein (zwingendes?) Argument für die Identität von F und G.

3.2.2 Identität ohne reduktive Erklärbarkeit

In den letzten Jahren ist allerdings von einer ganzen Reihe von Autoren betont worden, dass die Wahrheit von Eigenschaftsidentitätsbehauptungen mit der reduktiven Erklärbarkeit der entsprechenden Eigenschaften nichts zu tun hat. Diese Position hat z.B. *David Papineau* (*1947) in seinem Aufsatz „Mind the Gap" (1998) mit großem Nachdruck vertreten. Eine mentale Eigenschaft M, so Papineau, kann sehr wohl auch dann mit einer physikalischen Eigenschaft P identisch sein, wenn *nicht* aus den grundlegenden

Identität ohne reduktive Erklärbarkeit

Gesetzen der Physik folgt, dass alle Gegenstände, die die Eigenschaft P besitzen, die Analyse von M erfüllen. Identitäten bestehen oder sie bestehen nicht. Es hat keinen Sinn zu fragen, *warum* zwei Dinge oder Eigenschaften identisch sind. Und deshalb spielt es für die Frage, ob M und P identisch sind, auch keine Rolle, ob wir verstehen, wie P M hervorbringt. Identische Eigenschaften bringen einander nicht hervor, sie sind einfach identisch. Fragen kann man nur, was dafür spricht, dass M und P identisch sind. Und auf diese Frage ist nach Papineau die beste Antwort, dass M und P dieselben Ursachen und Wirkungen haben.[6]

Wie Papineau kritisieren auch *Ned Block* (*1942) und *Robert Stalnaker* (*1940) die Annahme, Physikalisten seien auf die These festgelegt, dass mentale Eigenschaften reduktiv erklärbar sind. In ihrem Aufsatz „Conceptual Analysis, Dualism, and the Explanatory Gap" (1999) vertreten sie die Auffassung, dies könne gar nicht so sein. Denn reduktive Erklärbarkeit setze voraus, dass das zu erklärende Phänomen F so analysiert werden könne, dass in dieser Analyse nur Begriffe verwendet werden, die auch in den allgemeinen Naturgesetzen vorkommen. Genau dies sei im Allgemeinen aber nicht möglich, und schon gar nicht bei mentalen Phänomenen. Reduktive Erklärungen müssten daher in der Regel fehlschlagen. Daraus ergebe sich jedoch kein Argument gegen den Physikalismus. Denn der Physikalist sei nur auf eine Identitätsbehauptung festgelegt; und mentale Eigenschaften könnten auch dann mit physikalischen Eigenschaften identisch sein, wenn sie nicht reduktiv erklärt werden können.

Wie findet man heraus, dass zwei sprachliche Ausdrücke für dasselbe stehen? Block und Stalnaker erläutern das am Beispiel zweier Historiker, von denen der eine, A, seit Jahren das Leben von Mark Twain erforscht, während der andere, B, eine Arbeit über das Leben von Samuel Clemens schreibt. Durch eine Ungeschicklichkeit fällt As Mappe mit den Unterlagen über Mark Twain zu Boden; B hebt die Mappe auf und bemerkt plötzlich: Das ist ja merkwürdig, Mark Twain ist im selben Jahr in derselben Stadt geboren wie Samuel Clemens, sie sind beide zur selben Zeit auf dieselbe Schule

---

6   Wohlgemerkt, Papineau versteht die Identität der kausalen Rollen nicht als Identitäts*kriterium*, sondern als einen Anhaltspunkt, aus dem wir auf die Identität von Eigenschaften schließen können. Wenn wir wissen, dass das Haben von M, sagen wir, w verursacht und dass das Haben von P ebenfalls w verursacht, dann können wir, falls wir außerdem gute Gründe für die Annahme haben, dass w nicht überdeterminiert ist, d.h., dass w nicht mehr als eine Ursache hat, darauf schließen, dass M und P identisch sind.

gegangen, beide waren zuerst Setzerlehrlinge, dann Lotsen auf dem Mississippi, dann Goldgräber und dann Journalisten. Eigentlich ist das nur möglich, wenn es sich bei Mark Twain und Samuel Clemens um dieselbe Person handelt. An diesem Beispiel wird nach Block und Stalnaker zunächst einmal Folgendes deutlich: Identität ist keine analysierbare Relation; sie besteht oder besteht nicht; Dinge müssen nicht bestimmte Kriterien erfüllen, um identisch zu sein. Und deshalb müssen mentale Eigenschaften auch nicht reduktiv erklärbar sein, um mit physischen Eigenschaften identisch zu sein. Das Beispiel zeigt aber auch, wie wir Identitätsannahmen begründen. Wir nehmen an, dass x und y identisch sind, wenn dies die *beste Erklärung* für die von uns beobachteten Phänomene ist. Ebenso wie Papineau vertreten Block und Stalnaker also folgende Position: 1. Identität und reduktive Erklärbarkeit haben nichts miteinander zu tun; Eigenschaften können auch dann identisch sein, wenn die eine nicht reduktiv auf die andere zurückgeführt werden kann. 2. Physikalisten sind nur auf die These festgelegt, dass mentale Eigenschaften mit physischen Eigenschaften identisch sind, und nicht auf die These, dass mentale Eigenschaften reduktiv erklärbar sind.

Der zentrale Text zur Klassischen Identitätstheorie ist Smart 1959, ein Text den man unbedingt gelesen haben sollte. Neuere Versionen finden sich in Hill 1991, Papineau 1998 und Block/Stalnaker 1999.

3.3 **Reduktive Erklärbarkeit**

Nüchtern betrachtet wird man Papineau, Block und Stalnaker mit ihrer ersten These wohl zustimmen müssen. Zu Beginn der Diskussion um die klassische Identitätstheorie wurden zwei ganz verschiedene Ideen ungerechtfertigter Weise miteinander verbunden – die Idee der Identität und die Idee der reduktiven Erklärbarkeit. Diesen Ideen entsprechen zwei durchaus unterschiedlichen Lesarten des Eigenschaftsphysikalismus. Der ersten Lesart zufolge ist der Eigenschaftsphysikalismus wahr, wenn alle mentalen Eigenschaften mit physischen Eigenschaften identisch sind; nach der zweiten Lesart erfordert die Wahrheit des Eigenschaftsphysikalismus, dass alle mentalen Eigenschaften mit Bezug auf physische Eigenschaften reduktiv erklärt werden können. Neben der Grundidee (I) muss also auch eine zweite Lesart des Eigenschaftsphysikalismus berücksichtigt werden:

Identität vs. reduktive Erklärbarkeit

(II)   Der Eigenschaftsphysikalismus ist genau dann wahr, wenn alle mentalen Eigenschaften allein mit Bezug auf physische Eigenschaften *reduktiv erklärt* werden können.

Entgegen dem ersten Anschein scheint Levine, anders als Papineau, Block und Stalnaker, eher der zweiten Lesart zuzuneigen. Und damit steht er keineswegs allein. Denn schon Anfang des vorigen Jahrhunderts hatten die so genannten Britischen Emergentisten* eine ganz ähnliche Position vertreten. *C.D. Broad* (1887–1971) zum Beispiel hat behauptet, beim Leib-Seele-Problem gehe es letzten Endes um die Frage, ob mentale Eigenschaften *mechanisch erklärbar* oder *emergent* sind (Broad 1925).

Broads Theorie emergenter Eigenschaften

Dabei darf man allerdings nicht übersehen, dass Broad die Frage nach dem Verhältnis von mentalen und physischen Eigenschaften, wie mir scheint zu Recht, für einen Spezialfall der allgemeineren Frage hält: Wie verhalten sich die Eigenschaften *komplexer* Gegenstände zu den Eigenschaften ihrer *Teile* und deren Anordnung. Grundsätzlich kann man den Unterschied zwischen Emergenztheorie und Theorie der mechanischen Erklärbarkeit Broad zufolge so erläutern:

> Abstrakt gesprochen behauptet die Emergenztheorie, dass es bestimmte komplexe Gegenstände gibt, die, sagen wir, aus den Komponenten A, B und C bestehen, die in der Relation R zueinander stehen; dass alle komplexen Gegenstände, die aus Komponenten der gleichen Art A, B und C bestehen, die zueinander in der gleichen Art von Relation R stehen, bestimmte charakteristische Eigenschaften besitzen; dass A, B und C in anderen Arten von komplexen Gegenständen vorkommen können, in denen die Relation nicht von der gleichen Art wie R ist; und dass die charakteristischen Eigenschaften des Ganzen R(A, B, C) nicht einmal im Prinzip aus der vollständigen Kenntnis der Eigenschaften abgeleitet werden können, die A, B und C isoliert oder in anderen komplexen Gegenständen haben, die nicht die Form R(A, B, C) besitzen. Der Mechanismus [d.h. die Theorie der reduktiven Erklärbarkeit] bestreitet den letzten Teil dieser Behauptung. (Broad 1925, 61)

Broads Begriffe der mechanischen Erklärbarkeit und der Emergenz kann man daher so zusammenfassen:

(ME)   Die Makroeigenschaft *F* eines komplexen Systems, das aus den Teilen $C_1, \ldots, C_n$ besteht, die auf die Weise *R* angeordnet sind, d.h. eines komplexen Systems *S* mit der Mikrostruktur $[C_1, \ldots, C_n; R]$, ist genau dann *mechanisch (reduktiv) erklärbar*, wenn *F* (zumindest im Prinzip) aus der vollständigen Kenntnis all der Eigenschaften abgeleitet werden kann, die die Komponenten C_1, ..., C_n isoliert oder in anderen Anordnungen besitzen.

(E) Die Makroeigenschaft F eines komplexen Systems mit der Mikrostruktur $[C_1, ..., C_n; R]$ ist genau dann *emergent*, wenn Folgendes gilt:

    (a) Der Satz „Alle Systeme mit der Mikrostruktur $[C_1, ..., C_n; R]$ haben die Eigenschaft F" ist ein wahres Naturgesetz, aber

    (b) F kann nicht (nicht einmal im Prinzip) aus der vollständigen Kenntnis all der Eigenschaften abgeleitet werden, die die Komponenten C_1, ..., C_n isoliert oder in anderen Anordnungen besitzen.

Worauf Broad mit diesen Definitionen hinaus will, scheint im Prinzip klar. Allerdings versteht sich die komplizierte Formulierung „aus der vollständigen Kenntnis all der Eigenschaften, die die Komponenten C_1, ..., C_n *isoliert oder in anderen Anordnungen* besitzen" sicher nicht von selbst. Was ist mit dieser Formulierung gemeint? (Vgl. zum Folgenden auch Beckermann 2002.)

Broad zufolge hängen auch emergente Eigenschaften gesetzmäßig von entsprechenden Mikrostrukturen ab. Auch wenn die Eigenschaft F emergent ist, ist der Satz „Alle Systeme mit der Mikrostruktur $[C_1, ..., C_n; R]$ haben die Eigenschaft F" ein wahres Naturgesetz. Wenn man auf dieses Naturgesetz Bezug nehmen dürfte, wäre es aber ein Leichtes, F aus den Eigenschaften der Komponenten C_1, ..., C_n und der Anordnung dieser Komponenten abzuleiten. Naturgesetze dieser Art müssen also ausgeschlossen werden. Mit anderen Worten: Mit der Formel „aus der vollständigen Kenntnis all der Eigenschaften, die die Komponenten C_1, ..., C_n *isoliert oder in anderen Anordnungen* besitzen" will Broad sicherstellen, dass bei dem Versuch, die Makroeigenschaften eines Systems aus den Eigenschaften und der räumlichen Anordnung seiner Teile abzuleiten, nur *allgemeine Gesetze* verwendet werden dürfen – Gesetze, die für die Teile eines komplexen Systems *völlig unabhängig von ihrer spezifischen Anordnung* gelten. Bleibt die Frage: Was kann damit gemeint sein, die Makroeigenschaft eines Gegenstandes aus den Eigenschaften seiner Teile und deren Anordnung abzuleiten? Auch hier will ich nur die meiner Meinung nach einleuchtendste Antwort nennen: Die Makroeigenschaft F eines Gegenstandes aus den Eigenschaften seiner Teile C_1, ..., C_n und deren Anordnung R

abzuleiten heißt zu zeigen, dass aus den allgemeinen für die Teile geltenden Naturgesetzen folgt, dass Gegenstände mit der Mikrostruktur $[C_1, \ldots, C_n; R]$ alle für die Eigenschaft F charakteristischen Merkmale besitzen.

Broads Definitionen der Begriffe ‚mechanische Erklärbarkeit' und ‚Emergenz'

Somit laufen Broads Definitionen aber auf das Folgende hinaus:

(ME') Die Makroeigenschaft F eines komplexen Systems mit der Mikrostruktur $[C_1, \ldots, C_n; R]$ ist genau dann *mechanisch (reduktiv) erklärbar*, wenn aus den *allgemeinen* für die Teile $C_1, \ldots, C_n$ geltenden Naturgesetzen folgt, dass alle Gegenstände mit der Mikrostruktur $[C_1, \ldots, C_n; R]$ alle für die Eigenschaft F *charakteristischen Merkmale* besitzen.

(E') Die Makroeigenschaft F eines komplexen Systems mit der Mikrostruktur $[C_1, \ldots, C_n; R]$ ist genau dann *emergent*, wenn Folgendes gilt:
(a) Der Satz „Alle Systeme mit der Mikrostruktur $[C_1, \ldots, C_n; R]$ haben F" ist ein wahres Naturgesetz, aber
(b) aus den allgemeinen für die Teile $C_1, \ldots, C_n$ geltenden Naturgesetzen – und geeigneten Brückenprinzipien – folgt *nicht*, dass alle Gegenstände mit der Mikrostruktur $[C_1, \ldots, C_n; R]$ alle für die Eigenschaft F charakteristischen Merkmale besitzen.

Die Theorie der reduktiven Erklärbarkeit

Wenn diese Interpretation richtig ist, sind zwei Dinge sofort klar. Erstens: Auch für Broad ist mechanische bzw. reduktive Erklärung eine Zweistufen-Angelegenheit. Und zweitens: Die beiden Stufen Broads entsprechen genau den Stufen, die wir zuvor schon bei Levine kennen gelernt haben. Zunächst geht es um die Analyse der zur Debatte stehenden Eigenschaft F; es gilt herauszufinden, welches die charakteristischen Merkmale von F sind. (Für Broad sind dies in der Regel charakteristische Verhaltensweisen – z.B. die charakteristischen Verhaltensweisen von Dingen, die die Eigenschaft haben, magnetisch zu sein.) Und danach gilt es zu zeigen, dass aus den allgemeinen Naturgesetzen folgt, dass Gegenstände mit einer bestimmten Mikrostruktur die charakteristischen Merkmale von F besitzen. Broad zufolge müsste ein Eigenschaftsphysikalist also behaupten: Mentale Eigenschaften sind nicht emergent, sondern mechanisch, d.h. reduktiv erklärbar.

> **Theorie der reduktiven Erklärbarkeit**
>
> Der Eigenschaftsphysikalismus ist genau dann wahr, wenn jede mentale Eigenschaft allein mit Bezug auf physische Eigenschaften reduktiv erklärt werden kann.

Broads Begriff der reduktiven Erklärbarkeit wird ausführlich analysiert in Beckermann 2002.

3.4 Funktionalismus

Welche der beiden Lesarten des Eigenschaftsphysikalismus ist plausibler – Eigenschaftsidentität oder reduktive Erklärbarkeit? Hier ist zunächst zu bemerken, dass die Annahme, alle mentalen Eigenschaften könnten mit physischen Eigenschaften identisch sein, mit einem schwerwiegenden Gegenargument konfrontiert ist – dem Argument der Multirealisierbarkeit.

Multirealisierbarkeit als Argument gegen die Identitätstheorie

Wir wissen heute, dass ein bestimmter mentaler Zustand bei verschiedenen Personen mit durchaus unterschiedlichen neuronalen Zuständen korreliert sein kann. Wenn man verschiedenen Personen eine bestimmte Aufgabe vorlegt und zugleich z.B. mit Hilfe der Positronen-Emissions-Tomographie* beobachtet, welche Bereiche der Gehirne dieser Personen bei der Lösung dieser Aufgabe besonders aktiv sind, dann ergeben sich in der Regel zwar sehr ähnliche, aber kaum je dieselben Muster. Es gilt sogar als ziemlich sicher, dass sich bei der Anwendung dieser Methode statistisch signifikante Unterschiede z.B. zwischen Männern und Frauen feststellen lassen. Wir wissen weiter, dass sich sogar bei ein und derselben Person die Korrelation zwischen mentalen und Gehirnzuständen im Laufe ihres Lebens dramatisch verändern kann. Nach Gehirnverletzungen z.B. können andere Teile des Gehirns die Funktionen des geschädigten Gewebes übernehmen. Nur aufgrund dieser außerordentlichen Plastizität des Gehirns sind wir überhaupt in der Lage, im Laufe unseres Lebens unsere geistigen Fähigkeiten trotz des täglichen Zugrundegehens tausender von Nervenzellen (zumindest einigermaßen) zu erhalten. Wir wissen schließlich, dass sich die Neurophysiologie der meisten Tiere mehr oder weniger stark von der unsrigen unterscheidet. Soll allein daraus schon folgen, dass diese Tiere nicht dieselben mentalen Zustände haben wie wir?

Und wie steht es mit Marsmenschen[7] und Robotern? Sollen diese Wesen schon deshalb kein dem unseren vergleichbares mentales Leben haben, weil ihr ‚Gehirn' nicht aus Nervenzellen, sondern z.B. aus Silizium-Chips besteht?

Offensichtlich machen es alle diese Überlegungen ziemlich unwahrscheinlich, dass tatsächlich jedem mentalen Zustand genau ein neurophysiologischer Zustand entspricht. Und eben deshalb steht die Identitätstheorie auf einer äußerst schwachen empirischen Grundlage. Denn natürlich kann die mentale Eigenschaft M nur dann mit der physischen Eigenschaft P identisch sein, wenn der Satz „x hat die Eigenschaft M genau dann, wenn x die Eigenschaft P hat" für beliebige Wesen wahr ist. Mit anderen Worten: Aufgrund der bekannten empirischen Fakten, aber auch aufgrund von theoretischen Überlegungen ist es mehr als unwahrscheinlich, dass es für jede mentale Eigenschaft genau eine physische Eigenschaft P gibt, mit der sie identisch ist. Vielmehr spricht alles dafür, dass mentale Eigenschaften in unterschiedlichen Wesen auf ganz unterschiedliche Weise realisiert sind.

Die Grundthese des Funktionalismus

Als Antwort auf das Argument der Multirealisierbarkeit entwickelte insbesondere *Hilary Putnam* (*1926) in den 60er und 70er Jahren des letzten Jahrhunderts eine neue Theorie den Funktionalismus. Die Grundthese des Funktionalismus kann man so zusammenfassen:

Funktionalismus
- Mentale Zustände sind ihrer Natur nach *funktionale Zustände*.
- Funktionale Zustände sind Zustände eines Systems, die allein durch ihre *kausale Rolle* charakterisiert sind – durch die Ereignisse *außerhalb* des Systems, durch die sie verursacht werden *(inputs)*, durch das Verhalten des Systems, das sie verursachen *(outputs)*, und durch ihre *kausalen Relationen* * *zu anderen Zuständen innerhalb* des Systems.

Schmerz als funktionaler Zustand

Schmerzen z.B. haben typische Ursachen und Wirkungen, also eine typische kausale Rolle: Sie werden (im Allgemeinen) durch eine Verletzung oder Schädigung von Körpergewebe verursacht; sie selbst verursachen (häufig) Jammern oder Schreien, Erbleichen sowie Handlungen zur Versorgung des verletzten Gewebes;

---

[7]   Marsmenschen stehen hier und im Folgenden für alle möglichen nicht-künstlichen mentalen Wesen, die vielleicht irgendwo im Weltall existieren, sich in ihrer Struktur aber deutlich von den Lebewesen auf unserer Erde unterscheiden.

und sie verursachen (häufig) eine Ablenkung der Aufmerksamkeit und den Wunsch, den Schmerz zu beseitigen.

Die These des Funktionalismus besagt nun: *Schmerz* ist *der Zustand eines Wesens, der durch diese kausale Rolle charakterisiert ist* – oder auch anders herum: *ein Wesen hat genau dann Schmerzen, wenn es in einem Zustand ist, der diese kausale Rolle innehat.* An dieser Stelle muss man allerdings noch einen feinen Unterschied machen zwischen Funktionalisten, die Schmerzen mit einer kausalen *Rolle* gleichsetzen, und Funktionalisten, die Schmerzen mit dem *Träger* dieser Rolle identifizieren (für eine ausführliche Diskussion vgl. Braddon-Mitchell/Jackson 1996).

Ein einfaches und sehr anschauliches Beispiel für ein System, dessen Zustände rein funktional durch ihre kausale Rolle charakterisiert sind, stammt von Ned Block (1978; 1980b). Stellen wir uns einen Getränkeautomaten vor, der beim Einwurf von einem Euro eine Coca-Cola-Dose auswirft. Allerdings nimmt dieser Automat nicht nur Ein-Euro-, sondern auch Fünfzig-Cent-Münzen an. Wie kann man unter diesen Umständen erreichen, dass der Automat eine Coca-Cola-Dose genau dann auswirft, wenn mindestens eine Ein-Euro-Münze eingeworfen wurde, und dass er eventuell zuviel gezahltes Geld wieder zurückgibt? Die Antwort ist, dass man dafür sorgen muss, dass der Automat zwei Zustände X_1 und X_2 annehmen kann, die folgendermaßen charakterisiert sind.

Ein Beispiel

Wenn der Automat im Zustand X_1 ist, passiert Folgendes:
Wenn eine Ein-Euro-Münze eingeworfen wird, wirft er eine Coca-Cola-Dose aus und bleibt im Zustand X_1.
Wenn eine Fünfzig-Cent-Münze eingeworfen wird, geht er in den Zustand X_2 über.

Wenn der Automat im Zustand X_2 ist, gilt dagegen:
Wenn eine Ein-Euro-Münze eingeworfen wird, wirft er eine Cola-Dose und eine Fünfzig-Cent-Münze aus und geht zurück in den Zustand X_1.
Wenn eine Fünfzig-Cent-Münze eingeworfen wird, wirft er eine Coca-Cola-Dose aus und geht zurück in den Zustand X_1.

Übersichtlicher kann man das für die beiden Zustände X_1 und X_2 charakteristische Verhalten mit Hilfe der folgenden Matrix darstellen, in der die Spalten für die beiden Zustände X_1 und X_2 und die Zeilen für die möglichen Münzen stehen, die man in den

Automaten einwerfen kann. In den einzelnen Feldern steht, was die Maschine jeweils tut (was sie auswirft) und in welchen Folgezustand sie danach übergeht.

	X_1	X_2
Ein-Euro-Münze	Coca-Cola-Dose X_1	Coca-Cola-Dose Fünfzig-Cent-Münze X_1
Fünfzig-Cent-Münze	– X_2	Coca-Cola-Dose X_1

Kausale Rollen und Verhaltensgesetze

Jedes Feld in dieser Matrix steht für ein *Verhaltensgesetz*, aus dem hervorgeht, was der Automat bei gegebenem Münzeinwurf (*input*) tut (*output*), wenn er in einem der beiden Zustände ist, die er annehmen kann. Den vier Feldern entsprechen also die folgenden vier Gesetze:

(1) Wenn der Automat im Zustand X_1 ist und eine Ein-Euro-Münze eingeworfen wird, dann wirft er eine Coca-Cola-Dose aus und bleibt im Zustand X_1.

(2) Wenn der Automat im Zustand X_1 ist und eine Fünfzig-Cent-Münze eingeworfen wird, dann geht er in den Zustand X_2 über.

(3) Wenn der Automat im Zustand X_2 ist und eine Ein-Euro-Münze eingeworfen wird, dann wirft er eine Coca-Cola-Dose und eine Fünfzig-Cent-Münze aus und geht in den Zustand X_1 zurück.

(4) Wenn der Automat im Zustand X_2 ist und eine Fünfzig-Cent-Münze eingeworfen wird, dann wirft er eine Coca-Cola-Dose aus und geht in den Zustand X_1 zurück.

Das Entscheidende ist nun, dass die Zustände X_1 und X_2 *allein* durch ihre in diesen Verhaltensgesetzen beschriebenen kausalen Rollen charakterisiert sind – d.h., erstens dadurch, wie der Automat in diese Zustände kommt, zweitens durch das Verhalten, das durch diese Zustände hervorgerufen wird, und drittens durch die Beziehungen, die zwischen diesen Zuständen bestehen. Die Zustände X_1 und X_2 sind also Paradebeispiele für funktionale Zustände, so wie der Funktionalismus diesen Begriff versteht. (Schon diese Formulierung macht völlig klar, dass der so definierte Ausdruck ‚funktionaler Zustand' so gut wie nichts mit dem Begriff der Funktion zu tun hat, wie er in der Biologie oder der Soziologie verwendet wird.)

Das gerade angeführte Beispiel zeigt, dass sich kausale Rollen in aller Regel mit Hilfe von Verhaltensgesetzen beschreiben lassen. Wer die These, dass alle mentalen Zustände funktionale Zustände sind, präzise ausbuchstabieren will, muss deshalb sagen, welche kausalen Rollen und d.h. welche Verhaltensgesetze er dabei im Auge hat. Die am meisten genannten Kandidaten sind hier einerseits die so genannte *Alltagspsychologie* (,folk psychology') und andererseits bestimmte Teile der *wissenschaftlichen Psychologie*. Entsprechend unterscheidet man den *Common Sense-Funktionalismus*, der von der Alltagspsychologie ausgeht, vom *wissenschaftlichen* oder *Psychofunktionalismus*, der die wissenschaftliche Psychologie für die grundlegende Theorie hält. Wie die Alltagspsychologie, die hier angesprochen ist, aussehen könnte, kann man ganz gut mit Hilfe der folgenden sechs Gesetze aus dem Aufsatz „Wants as Explanations of Actions" (1963) von *Richard Brandt* (1910–1997) und *Jaegwon Kim* (*1934) veranschaulichen, durch die die diesen beiden Autoren zufolge der Zustand des Wünschens zumindest teilweise charakterisiert ist.[8]

(a) Wenn x Freude empfindet, falls sie p nicht erwartet hat, aber nun plötzlich zu der Überzeugung gelangt, dass p der Fall sein werde, dann wünscht x p.

(b) Wenn x Enttäuschung empfindet, falls sie p erwartet hat, aber dann plötzlich zu der Überzeugung gelangt, dass p nicht der Fall sein werde, dann wünscht x p.

(c) Wenn es für x angenehm ist, Tagträume über p zu haben, dann wünscht x p.

(d) Wenn x p wünscht, dann gilt unter günstigen Bedingungen: Falls x annimmt, dass der Vollzug von H vermutlich zu p führen wird und dass die Unterlassung von H vermutlich zu

---

[8] Die von Brandt und Kim angeführten Gesetze sind allerdings höchstens *Teil* der Theorie, durch die für den Funktionalisten mentale Zustände charakterisiert sind. Denn sie enthalten nur Gesetze, die kausale Relationen zwischen mentalen Zuständen wiedergeben; d.h., es fehlen Gesetze, in denen mentale Zustände mit möglichen *inputs* und *outputs* in kausale Beziehungen gesetzt werden. Solche Gesetze könnten in etwa die Form haben:
(g) Wenn p der Fall ist, dann wird x unter geeigneten Umständen zu der Überzeugung kommen, dass p.
(h) Wenn x bemerkt, dass p, und wenn x glaubt, dass p gefährlich ist, dann wird x seine Augen auf p richten.
Eine ausführliche Diskussion der Gesetze, die in diesem Zusammenhang eine Rolle spielen können, findet sich in Loar (1981). Schiffer (1986) bietet eine übersichtliche Zusammenfassung dieser Überlegungen.

nicht-p führen wird, so wird x eine Regung verspüren, H zu tun.

(e) Wenn $x\,p$ wünscht, dann gilt unter günstigen Bedingungen: Falls x glaubt, dass ein gewisses Mittel M eine Methode darstellt, um p zustandezubringen, so wird es wahrscheinlicher sein als sonst, dass sie ein M bemerkt.

(f) Wenn $x\,p$ wünscht, dann gilt unter günstigen Bedingungen: Falls p auftritt, ohne dass gleichzeitig Ereignisse stattfinden, die x nicht will, so wird x erfreut sein.

Offenbar kann der Funktionalismus nur dann plausibel sein, wenn es gelingt, allgemein akzeptierte Verhaltensgesetze zu finden, durch die die für die einzelnen mentalen Zustände charakteristischen kausalen Rollen festgelegt werden. Es gibt aber Autoren, die aus grundsätzlichen Erwägungen heraus bezweifeln, dass das überhaupt möglich ist (vgl. bes. Schiffer 1986).

Der Funktionalismus ist ontologisch neutral

Obwohl viele Autoren den Funktionalismus als eine Position begrüßt haben, die – im Gegensatz zur Analytischen und zur klassischen Identitätstheorie – endlich eine haltbare Version des Physikalismus darstellt, ist das Verhältnis des Funktionalismus zum Physikalismus keineswegs so klar, wie es vielleicht scheinen könnte. Ja, es ist nicht einmal klar, ob uns der Funktionalismus überhaupt etwas über den ontologischen Status mentaler Eigenschaften sagt.

Der Grund dafür ist, dass die Auskunft „Mentale Zustände sind ihrer Natur nach funktionale Zustände" *ontologisch gesehen* ziemlich inhaltsleer ist. Dies wird deutlich, wenn man sich noch einmal klar macht, was das im Einzelfall eigentlich bedeutet. Nehmen wir den mentalen Zustand *Zorn*. Dem Funktionalismus zufolge ist dieser Zustand – wie alle mentalen Zustände – durch seine kausale Rolle charakterisiert. Wenn wir uns die Überlegungen in diesem Abschnitt noch einmal vergegenwärtigen, heißt das in etwa Folgendes: Eine Person ist genau dann zornig, wenn sie in *einem Zustand* ist, der durch bestimmte äußere Ereignisse verursacht wird, der seinerseits bestimmte physische Reaktionen und ein bestimmtes Verhalten verursacht und der in bestimmten kausalen Relationen zu anderen Zuständen dieser Person steht. Über die *Art* des Zustands ist damit nichts gesagt. Es kann sich um einen Gehirnzustand handeln, aber ebenso gut auch um einen nicht-physischen Zustand dieser Person oder vielleicht sogar um einen Zustand einer immateriellen Seele; denn auch ein solcher Zustand könnte genau die für Zorn charakteristische kausale Rolle spielen. Selbst Putnam schreibt:

[...] die Hypothese funktionaler Zustände [ist] mit dem Dualismus *nicht* inkompatibel! Obwohl es sich von selbst versteht, dass die Hypothese ihrer Inspiration nach ‚mechanistisch' ist, ist es eine bemerkenswerte Tatsache, dass ein System, das aus einem Leib und einer ‚Seele' besteht, wenn es solche Dinge gibt, ohne weiteres [die Gesetze der Alltagspsychologie erfüllen] kann. (Putnam 1967, 130)

Auf der einen Seite ist die Auskunft, mentale Zustände seien funktionale Zustände, also *ontologisch neutral.* Sie sagt nichts über die *Natur* der Zustände, die jeweils tatsächlich die entsprechenden kausalen Rollen innehaben. Auf der anderen Seite hat der Funktionalismus aber entscheidende Konsequenzen für die *Analyse* mentaler Prädikate bzw. Eigenschaften. Wenn er Recht hat, sind alle mentalen Eigenschaften allein durch eine bestimmte kausale Rolle charakterisiert.

Der klassische Text des Funktionalismus ist Putnam 1967. Über die verschiedenen Spielarten des Funktionalismus informiert zuverlässig Braddon-Mitchell/ Jackson 1996. Zur Kritik siehe besonders Block 1978 und Schiffer 1986.

3.5 Supervenienz

Aus dem Funktionalismus heraus hat sich eine weitere Lesart des Eigenschaftsphysikalismus entwickelt – die *Supervenienztheorie.* Grundlage dieser Theorie ist die Überzeugung, dass der Eigenschaftsphysikalismus vielleicht auch dann wahr sein könnte, wenn mentale Eigenschaften nicht mit physischen Eigenschaften identisch sind – vorausgesetzt der Bereich des Mentalen ist in dem Sinne vom Bereich des Physischen *ontologisch abhängig,* dass alle mentalen Tatsachen durch physische Tatsachen *ontologisch determiniert* sind. Diese Abhängigkeitsbeziehung soll mit Hilfe des Supervenienzbegriffs geklärt werden, der besonders von Jaegwon Kim untersucht worden ist (vgl. u.a. Kim 1993). Neben die Grundideen (I) und (II) scheint also noch eine dritte Grundidee zu treten:

> Die Supervenienztheorie

(III) Der Eigenschaftsphysikalismus ist genau dann wahr, wenn mentale Eigenschaften über physischen Eigenschaften *supervenieren.*

Grundsätzlich ist die Relation der Supervenienz eine Relation zwischen Eigenschaftsfamilien. Die Eigenschaftsfamilie **B** super-

> Der Begriff der Supervenienz

veniert über der Eigenschaftsfamilie **A** genau dann, wenn es keinen Unterschied in den **B**-Eigenschaften gibt ohne einen Unterschied in den **A**-Eigenschaften. Genauer:

(SV)   Sind **A** und **B** zwei Eigenschaftsfamilien, dann *superveniert* **B** über **A** genau dann, wenn sich zwei Gegenstände, die sich in ihren **B**-Eigenschaften unterscheiden, auch in mindestens einer **A**-Eigenschaft unterscheiden bzw. wenn es keine zwei Gegenstände gibt, die genau dieselben **A**-Eigenschaften besitzen, die sich aber in ihren **B**-Eigenschaften unterscheiden. (Mit anderen Worten: **B**-Unterscheidbarkeit impliziert **A**-Unterscheidbarkeit. Wenn eine Eigenschaftsfamilie **B** über einer Eigenschaftsfamilie **A** superveniert, nennt man **A** die *subvenierende* Eigenschaftsfamilie.)

Allerdings sind verschiedene Varianten der Supervenienz denkbar. Es kann sein, dass es einfach *de facto* so ist, dass sich alle Gegenstände, die sich in ihren **B**-Eigenschaften unterscheiden, auch in mindestens einer **A**-Eigenschaft unterscheiden. Und es kann sein, dass dies *notwendigerweise** so ist. Entsprechend unterscheidet man zwischen schwacher und starker Supervenienz.

Schwache Supervenienz

(SwS)   Sind **A** und **B** zwei Eigenschaftsfamilien, dann *superveniert* **B** genau dann *schwach* über **A**, wenn es in der wirklichen Welt *de facto* keine zwei Gegenstände gibt, die genau dieselben **A**-Eigenschaften besitzen, sich aber in ihren **B**-Eigenschaften unterscheiden.[9]

Starke Supervenienz

(StS)   Sind **A** und **B** zwei Eigenschaftsfamilien, dann *superveniert* **B** genau dann *stark* über **A**, wenn für alle Gegenstände *notwendigerweise* gilt, dass sie sich in ihren **B**-Eigenschaften nur unterscheiden können, wenn sie sich auch in ihren **A**-Eigenschaften unterscheiden.

Neben diesen beiden Begriffen ist in den letzten Jahren auch der Begriff der *globalen* Supervenienz diskutiert worden, der sich so definieren lässt:

---

[9]   Diese Definition der schwachen Supervenienz unterscheidet sich von den Definitionen, die sich bei Kim finden. Kim fordert schon für schwache Supervenienz, dass für alle möglichen Welten *w* gilt: wenn zwei Gegenstände in *w* dieselben **A**-Eigenschaften besitzen, dann besitzen sie in *w* auch dieselben **B**-Eigenschaften. Bei schwacher Supervenienz wird nach Kim also nur der Vergleich zwischen *verschiedenen* möglichen Welten ausgeschlossen.

(GlS) Sind **A** und **B** zwei Eigenschaftsfamilien, dann *superveniert* **B** genau dann *global* über **A**, wenn gilt: Sind in zwei möglichen Welten alle **A**-Eigenschaften gleich verteilt, dann sind in ihnen auch alle **B**-Eigenschaften gleich verteilt.

Globale Supervenienz

Insgesamt gibt es – was das Verhältnis von mentalen und physischen Eigenschaften betrifft – also mindestens drei verschiedene Spielarten von Supervenienz:

Drei Arten, in denen das Mentale über dem Physischen supervenieren kann

Schwache Supervenienz
Für alle Wesen x_1 und x_2 gilt *de facto*: Wenn x_1 und x_2 dieselben physischen Eigenschaften besitzen, dann haben sie auch dieselben mentalen Eigenschaften.

Starke Supervenienz
Für alle Wesen x_1 und x_2 gilt *notwendigerweise*: Wenn x_1 und x_2 dieselben physischen Eigenschaften besitzen, dann haben sie auch dieselben mentalen Eigenschaften.

Globale Supervenienz
Für alle möglichen Welten w_1 und w_2 gilt: Wenn in w_1 die physischen Eigenschaften genau so verteilt sind wie in w_2, dann sind in w_1 auch die mentalen Eigenschaften genau so verteilt wie in w_2.

Heute ist allgemein akzeptiert, dass schwache Supervenienz nicht ausreicht, um eine hinreichend starke ontologische Abhängigkeit des Mentalen vom Physischen zu begründen. Immerhin ist schwache Supervenienz damit vereinbar, dass Wesen mit exakt denselben physischen Eigenschaften unterschiedliche mentale Eigenschaften haben *könnten*. Also bleibt nur die starke und eine im starken Sinn gelesene globale Supervenienz.

Allerdings stellt sich bei der starken Supervenienz noch die Frage, was hier mit *Notwendigkeit* gemeint sein soll. Denn allgemein unterscheidet man zwischen *naturgesetzlicher* und *metaphysischer* Notwendigkeit. Mit anderen Worten: Bei starker Supervenienz müssen wir weiter zwischen *naturgesetzlicher* und *metaphysischer* Supervenienz differenzieren.

Varianten starker Supervenienz

Starke Supervenienz – eine weitere Unterscheidung

Naturgesetzliche Supervenienz
In allen möglichen Welten w_1 und w_2, *in denen dieselben Naturgesetze gelten wie in unserer Welt*, gilt: Wenn in w_2 die physischen

> Eigenschaften genau so verteilt sind wie in w_1, dann sind in w_2 auch die mentalen Eigenschaften genau so verteilt wie in w_1.
>
> *Metaphysische Supervenienz*
> In allen möglichen Welten w_1 und w_2 gilt ohne Einschränkung: Wenn in w_2 die physischen Eigenschaften genau so verteilt sind wie in w_1, dann sind in w_2 auch die mentalen Eigenschaften genau so verteilt wie in w_1.

Naturgesetzliche Supervenienz ist nach allgemeiner Ansicht zu schwach, um physikalistisch akzeptabel zu sein. Dies zeigt sich schon daran, dass selbst dualistische Positionen wie der Parallelismus und der Epiphänomenalismus das Bestehen einer naturgesetzlichen Supervenienzbeziehung zwischen mentalen und physischen Eigenschaften implizieren. Offenbar kann man also Eigenschaftsdualist und zugleich Anhänger einer naturgesetzlich verstandenen Supervenienztheorie sein. Ein Supervenienztheoretiker muss also die Auffassung vertreten, dass das Mentale metaphysisch über dem Physischen superveniert.

,Jackson-Supervenienz   Besonders *Frank Jackson* (*1943) hat allerdings bemerkt (z.B. Jackson 1998), dass die angegebene Formulierung des Begriffs der metaphysischen Supervenienz nicht besonders glücklich ist und dass man besser folgende Formulierung wählen sollte:

> **Jackson-Supervenienz**
>
> Das Mentale superveniert (in unserer Welt) metaphysisch über dem Physischen, wenn jede mögliche Welt, die ein *minimales physikalisches Duplikat* unserer Welt ist, auch eine *mentales Duplikat* unserer Welt ist.

Zur Erläuterung schreibt Jackson: „[Ein] minimales physisches Duplikat unserer Welt ist eine Welt, die (a) in jeder physischen Hinsicht genauso wie unsere Welt ist (instantiierte Eigenschaft für instantiierte Eigenschaft, Gesetz für Gesetz, Relation für Relation), und (b) nichts weiter enthält (im Sinne von keine weiteren Arten oder Einzelgegenstände) als sie enthalten muss, um (a) zu erfüllen" (1998, 13). Damit will Jackson dem Umstand Rechnung tragen, dass es ja metaphysisch möglich sein könnte, dass eine Welt, die unserer Welt physikalisch in jedem Detail gleicht, *außerdem* Cartesische reine Geister enthält; denn in einer solchen Welt wären die mentalen Eigenschaften sicher nicht genau so verteilt wie in unserer. Jackson zufolge gilt nach der Supervenienztheorie also:

Supervenienztheorie (im Sinne von Jackson)

Der Eigenschaftsphysikalismus ist genau dann wahr, wenn das Mentale insofern über dem Physischen superveniert, als jede mögliche Welt, die ein *minimales physikalisches Duplikat* unserer Welt ist, auch ein *mentales* Duplikat unserer Welt ist.

Diese Formulierung ist inzwischen weithin akzeptiert. Allerdings gibt es gegenwärtig einen heftigen Streit zwischen *a priori** und *a posteriori* Physikalisten. *A posteriori* Physikalisten, zu denen besonders Vertreter der Identitätstheorie zählen, vertreten die Auffassung, dass psychophysische Identitätsbehauptungen wie die Behauptung, dass Schmerzempfindungen mit dem Feuern bestimmter Neuronen identisch sind, nicht *a priori*, sondern nur aufgrund von empirischer Forschung als wahr erkannt werden können. *A priori* Physikalisten dagegen meinen, dass alle mentalen Wahrheiten *a priori* aus einer vollständigen physikalischen Beschreibung der Welt abgeleitet werden können.[10] Genau genommen widersprechen sich diese Positionen nicht unbedingt. Denn *a priori* Physikalisten behaupten ja nicht, dass es keiner empirischen Forschung bedarf, um psychophysische Identitätsbehauptungen als wahr erkennen zu können. Sie sagen nur, dass, wenn die *physikalische* Forschung einmal an ein Ende gekommen sein wird, die Wahrheit aller psychophysischen Identitätsbehauptungen *a priori* aus den Ergebnissen dieser Forschung folgt. *A posteriori* Physikalisten müssten dies also bestreiten, d.h., sie müssten behaupten, dass physikalische Forschung allein nicht ausreicht, um psychophysische Identitätsbehauptungen als wahr erkennen zu können. Und dies wäre für einen Physikalisten eine merkwürdige These. Allerdings muss uns dieser Streit nicht kümmern, da er für die Frage, worauf der Eigenschaftsphysikalismus hinausläuft, ohne Belang ist.

a priori vs. *a posteriori* Physikalismus

Der Supervenienzbegriff wurde besonders von Jaegwon Kim analysiert, dessen zentrale Aufsätze in Kim 1993 zusammengefasst sind. Die neuere Diskussion stützt sich besonders auf Chalmers 1996 und Jackson 1998.

---

[10] Diese Beschreibung muss allerdings auch indexikalische physische Wahrheiten über uns selbst und eine „das ist alles"-Klausel enthalten, die feststellt, dass die Beschreibung tatsächlich vollständig ist.

3.6 Fazit

Varianten des
Eigenschafts-
physikalismus

Alles in allem findet man heute in der Literatur im Wesentlichen drei Lesarten des Eigenschaftsphysikalismus:

Varianten des Eigenschaftsphysikalismus

Klassische Identitätstheorie
Der Eigenschaftsphysikalismus ist genau dann wahr, wenn jede mentale Eigenschaft *nicht-analytisch identisch* ist mit einer physischen Eigenschaft.

Theorie der reduktiven Erklärbarkeit
Der Eigenschaftsphysikalismus ist genau dann wahr, wenn jede mentale Eigenschaft allein mit Bezug auf physische Eigenschaften reduktiv erklärt werden kann.

Supervenienztheorie (im Sinne von Jackson)
Der Eigenschaftsphysikalismus ist genau dann wahr, wenn mentale Eigenschaften im *Sinn von Jackson* über physischen Eigenschaften supervenieren.

Zusammenhänge
zwischen diesen
Varianten

Wenn man nach dem Verhältnis fragt, in dem diese drei Lesarten zueinander stehen, fällt zunächst auf, dass sowohl die klassische Identitätstheorie als auch die Theorie der reduktiven Erklärbarkeit Jackson-Supervenienz implizieren. Wenn jede mentale Eigenschaft mit einer physischen Eigenschaft identisch ist, können sich ganz offensichtlich zwei Welten, die sich physisch völlig gleichen, auch mental nicht unterscheiden. Und wenn für jede mentale Eigenschaft gilt, dass sie allein mit Bezug auf physische Eigenschaften reduktiv erklärt werden kann, dann bedeutet das auch, dass zwei Gegenstände, die sich physisch völlig gleichen und für die dieselben grundlegenden physikalischen Gesetze gelten, notwendigerweise dieselben mentalen Eigenschaften haben. Die klassische Identitätstheorie und die Theorie der reduktiven Erklärbarkeit sind also, wenn man so will, Varianten der Supervenienztheorie im Sinne von Jackson. Kann man diese Supervenienztheorie auch vertreten, wenn man weder Identitätstheoretiker noch Anhänger der Theorie der reduktiven Erklärbarkeit ist? Mag sein. Aber tatsächlich gibt es niemanden, der das tut.

Die beiden
Hauptlesarten des
Eigenschafts-
physikalismus

In der philosophischen Diskussion spielen im Augenblick daher nur zwei Lesarten des Eigenschaftsphysikalismus eine Rolle:

Die klassische Identitätstheorie und die Theorie der reduktiven Erklärbarkeit. Dass die Identitätstheorie trotz des Arguments der Multirealisierbarkeit immer noch vertreten wird, mag erstaunen. Aber die gegenwärtigen Vertreter dieser Theorie glauben mit diesem Argument fertig werden zu können. Außerdem haben sie ein starkes Motiv für das Festhalten an der Identitätstheorie. Wie sich im nächsten Kapitel zeigen wird, gibt es starke Argumente gegen die Annahme, dass sich alle mentalen Eigenschaften allein mit Bezug auf physische Eigenschaften reduktiv erklären lassen. Wenn überhaupt, scheint der Eigenschaftsphysikalismus also nur wahr sein zu können, wenn man ihn im Sinne der Identitätstheorie versteht. Unabhängig von solchen Überlegungen gibt es in meinen Augen aber starke Gründe dafür, dass man den Eigenschaftsphysikalismus unbedingt im Sinne der Theorie reduktiver Erklärbarkeit verstehen sollte (s. Beckermann 2007). Doch dem kann hier nicht weiter nachgegangen werden. Hier soll die Frage, welche Lesart vorzuziehen ist, also offen bleiben.

4 Argumente für und gegen den Eigenschaftsphysikalismus

4.1 Die beiden Hauptarten mentaler Eigenschaften

Sind mentale Eigenschaften tatsächlich physische Eigenschaften oder sind sie allein mit Bezug auf physische Eigenschaften reduktiv erklärbar? Trotz ihrer häufig naturalistischen Grundeinstellung scheint es auch heute vielen Philosophinnen und Philosophen unmöglich, diese Frage mit einem klaren Ja zu beantworten. Wenn man verstehen will, warum das so ist, muss man sich zunächst einen groben Überblick über die wichtigsten Arten mentaler Eigenschaften und Zustände verschaffen. In der Literatur ist es allgemein üblich, zwei Haupttypen von mentalen Eigenschaften bzw. Zuständen zu unterscheiden: *Empfindungen* und *intentionale Zustände*.[1]

Die beiden Haupttypen mentaler Zustände

Zu den Empfindungen sollen *körperliche Empfindungen* wie Schmerzen, Kitzel oder Übelkeit ebenso gehören wie *Wahrnehmungseindrücke*, etwa der Eindruck einer bestimmten Farbe, des Klangs einer lauten Trompete und des Geschmacks einer süßen Birne. Zwischen diesen beiden Gruppen von Empfindungen gibt es zwar eine Reihe von Unterschieden; trotzdem ist es sinnvoll, sie zusammenzufassen. Denn alle Empfindungen sind auf den ersten Blick durch ihren *qualitativen Charakter* oder ihre *phänomenalen Qualitäten* definiert, durch das, was man erlebt oder fühlt, wenn man eine Empfindung hat, die Art, wie es ist, eine solche Empfindung zu haben. (Diese Charakterisierung geht zurück auf T. Nagel 1974. In der Fachterminologie hat sich für die phänomenalen Qualitäten von Empfindungen der Ausdruck ‚*Qualia*' – Singular: *Quale* – eingebürgert.)

Empfindungen

Intentionale Zustände wie Überzeugungen, Wünsche, Befürchtungen und Erwartungen sind demgegenüber eben durch

Intentionale Zustände

---

[1] Vgl. z.B. McGinn (1982, 8ff.). Eine terminologische Anmerkung: ‚Empfindung' soll das bezeichnen, was in der englischsprachigen Literatur ‚sensation' oder ‚experience' genannt wird. Statt von intentionalen Zuständen spricht man oft auch von propositionalen Einstellungen.

ihre Intentionalität, d.h. dadurch charakterisiert, dass sie *auf et-was gerichtet* sind, dass sie einen *Inhalt* haben. Man glaubt, *dass etwas der Fall ist,* man wünscht sich *einen bestimmten Gegenstand,* man hofft oder befürchtet, *dass ein bestimmtes Ereignis eintreten wird.*[2] Aus diesem Grund werden intentionale Zustände in der Regel unter Verwendung von ‚dass'-Sätzen zugeschrieben. Wir schreiben Hans eine bestimmte Überzeugung zu, indem wir sagen „Hans glaubt, *dass* es morgen regnen wird", und wir schreiben ihm eine bestimmte Erwartung zu, indem wir sagen „Hans erwartet, *dass* Werder Bremen Deutscher Fußballmeister wird". Auch innerhalb der Gruppe der intentionalen Zustände gibt es erhebliche Unterschiede – z.B. zwischen kognitiven Einstellungen wie Überzeugungen auf der einen und Einstellungen, die auch eine konative* oder affektive Komponente haben, wie Wünsche, Absichten und Befürchtungen auf der anderen Seite. Allen intentionalen Zuständen ist aber gemeinsam, dass sie durch zwei Aspekte gekennzeichnet sind: durch die *Art* des Zustandes – sie sind Überzeugungen, Wünsche, Hoffnungen, etc. – und durch ihren *Inhalt,* d.h. durch das, was geglaubt, gewünscht oder gehofft wird. Zustände wie zu glauben, dass es morgen regnen wird, und zu glauben, dass 2+2=4 ist, sind Zustände derselben Art (Überzeugungen), die sich jedoch im Hinblick auf ihren Inhalt – also das, was geglaubt wird – unterscheiden. Die Zustände zu glauben, dass es morgen regnen wird, und zu befürchten, dass es morgen regnen wird, haben dagegen denselben Inhalt, gehören jedoch zu verschiedenen Arten von intentionalen Zuständen.

Die Linie zwischen Empfindungen und intentionalen Zuständen ist nicht überall trennscharf. Nicht nur im Bereich der emo-

---

[2]   Vielleicht ist es sinnvoll, an dieser Stelle auf ein mögliches Missverständnis hinzuweisen, das sich aus der Tatsache ergeben könnte, dass die Ausdrücke ‚Intention' und ‚intentional' im Deutschen im Allgemeinen im Sinne von ‚Absicht' bzw. ‚absichtlich' gebraucht werden. Der Ausdruck ‚Intentionalität', so wie er hier im Anschluss an Brentano verwendet wird, ist jedoch ein *terminus technicus* der Philosophie mit einer sehr speziellen Bedeutung. ‚Intentionalität' im Sinne Brentanos bedeutet nicht Absichtlichkeit, sondern – wie gesagt – Gerichtetheit auf ein Objekt (was im Englischen häufig ‚aboutness' genannt wird). Ein mentaler Zustand wird ‚intentional' genannt, wenn er ein intentionales Objekt bzw. einen semantischen Inhalt hat. Absichten und Wünsche gehören damit zwar ebenfalls zur Gruppe der intentionalen Zustände, da auch sie ein Objekt bzw. einen Inhalt haben. Aber sie bilden nur *eine* Art von intentionalen Zuständen neben vielen anderen; sie haben im Hinblick auf das hier diskutierte Problem der Intentionalität keine Sonderstellung. Vgl. hierzu auch Searle (1983, ch. I, sec. i).

tional gefärbten intentionalen Zustände, wie etwa der Befürchtungen und Hoffnungen, gibt es Zustände, die sowohl einen qualitativen als auch einen inhaltlichen Aspekt haben. Daneben gibt es auch Zustände wie Zorn oder Trauer, die zunächst eher auf die Seite der Empfindungen zu gehören scheinen, die aber trotzdem häufig auch ein Objekt und insofern auch einen intentionalen Inhalt haben.

Nach dieser Klärung nun zurück zu der Frage, woran es eigentlich liegt, dass es vielen so schwierig erscheint, im Hinblick auf mentale Zustände – also Empfindungen und intentionale Zustände – Eigenschaftsphysikalisten zu sein. Die Antwort ist: Empfindungen und intentionale Zustände haben Merkmale (sie sollen hier *kritische Merkmale* heißen), die es zumindest *prima facie* unmöglich erscheinen lassen anzunehmen, sie seien in irgendeinem Sinne physische Zustände. Dies ist am leichtesten zu sehen, wenn man von der Lesart ausgeht, dass der Eigenschaftsphysikalismus genau dann wahr ist, wenn sich mentale Eigenschaften und Zustände allein mit Bezug auf physische Eigenschaften reduktiv erklären lassen. Denn reduktive Erklärbarkeit setzt voraus, dass aus den grundlegenden physikalischen Naturgesetzen folgt, dass bestimmte physische Zustände genau die Merkmale besitzen, die für die entsprechenden mentalen Zustände charakteristisch sind. Nun haben aber Empfindungen und intentionale Zustände jeweils Merkmale, von denen schwer zu sehen ist, wie es überhaupt möglich sein soll, dass physische Zustände eben diese Merkmale aufweisen.

Bei den Empfindungen ist es natürlich ihr *qualitativer Erlebnischarakter*. Es fühlt sich auf eine charakteristische Weise an, das Erlebnis des Anblicks einer grünen Wiese zu haben, den beruhigenden Ton einer Klarinette zu hören oder den bitteren Geschmack von Campari auf der Zunge zu spüren. Wie um alles in der Welt soll es möglich sein, dass etwa bestimmte Gehirnzustände eben diese qualitativen Charakteristika haben? Wie soll es möglich sein, dass es sich überhaupt irgendwie anfühlt bzw. dass es überhaupt irgendwie ist, in einem bestimmten Gehirnzustand zu sein? Gehirnzustände hat man, aber man erlebt sie nicht. Das jedenfalls ist eine starke Intuition, die viele daran hat zweifeln lassen, dass Empfindungen auf Gehirnzustände zurückgeführt werden können.

Diese Überlegung trifft allerdings auf intentionale Zustände nicht zu – jedenfalls nicht in derselben Weise. Denn anders als Empfindungen sind intentionale Zustände in der Regel nicht durch spezifische phänomenale Qualitäten charakterisiert. Auch

Die kritischen Merkmale von Empfindungen und intentionalen Zuständen

Der qualitative Charakter von Empfindungen

Der semantische Gehalt intentionaler Zustände

intentionale Zustände haben aber kritische Merkmale, die ihre Zurückführbarkeit auf physische Zustände problematisch erscheinen lassen. Da ist zum einen die Tatsache, dass intentionale Zustände immer einen semantischen bzw. repräsentationalen Inhalt haben. Oder wie auch oft gesagt wird, dass intentionale Zustände auf etwas gerichtet sind, dass sie ein intentionales Objekt haben. Auch hier stellt sich die Frage, wie es denn möglich sein soll, dass physische Zustände dieses Merkmal aufweisen, wie es möglich sein soll, dass physische Zustände einen semantischen Inhalt bzw. ein intentionales Objekt haben.

Die Rationalität intentionaler Zustände

Bei intentionalen Zuständen gibt es aber auch noch ein zweites kritisches Merkmal, das darin besteht, dass die Kausalbeziehungen, die zwischen ihnen bestehen, häufig *Rationalitätsprinzipien* bzw. *semantische Beziehungen zwischen ihren Inhalten respektieren*. So kann man zum Beispiel sagen, dass etwa mein Wunsch, ein kühles Bier zu trinken, und meine Überzeugung, dass sich im Kühlschrank noch eine schöne Flasche Veltins befindet, dazu führen, dass ich zum Kühlschrank in der Küche gehe und mir das Bier aus dem Kühlschrank hole. Aber es ist nicht nur so, dass diese intentionalen Zustände meine Handlung verursachen; sie ist im Hinblick auf meinen Wunsch und meine Überzeugung auch *rational*. Dagegen wäre es im Hinblick auf *diese* intentionalen Zustände nicht rational, in die Küche an den Wasserhahn zu gehen und ein Glas Wasser zu trinken. Und diese Handlung wird durch meinen Wunsch und meine Überzeugung auch nicht verursacht. Mit anderen Worten: *Wünsche und Überzeugungen verursachen oft genau die Handlungen, die im Hinblick auf sie rational sind.*

Um ein anderes Beispiel zu nehmen: Meine Überzeugung, dass Paul und Gerda zur Party kommen, führt in der Regel auch zu der Überzeugung, dass Paul zur Party kommt. Auch hier liegt jedoch nicht nur eine Kausalbeziehung vor. Denn zugleich *folgt*, dass Paul zur Party kommt, *logisch* daraus, dass Paul und Gerda zur Party kommen. Und wenn *q* logisch aus *p* folgt, ist es offenbar rational, *q* zu glauben, wenn man *p* glaubt. Bei Überzeugungen gilt also analog: *Die Überzeugung, dass p, verursacht die Überzeugung, dass q, (zumindest in vielen Fällen) genau dann, wenn es rational ist, q zu glauben, wenn man p glaubt.*

Offenbar bereitet auch diese bemerkenswerte Parallelität von Kausalrelationen* und Rationalitätsprinzipien Schwierigkeiten. Wenn wir z.B. annehmen, dass Wünsche und Überzeugungen *de facto* Gehirnzustände sind, dann drängt sich natürlich die Frage auf, wie es denn möglich sein soll, dass Gehirnzustände in der

Regel genau die Handlungen verursachen, die im Hinblick auf die Wünsche und Überzeugungen rational sind, die mit diesen Gehirnzuständen identisch sind. Bzw. wie es denn möglich sein soll, dass ein Gehirnzustand, der mit der Überzeugung, dass *p*, identisch ist, in der Regel genau die Gehirnzustände verursacht, die mit Überzeugungen identisch sind, die zu haben rational ist, wenn man *p* glaubt.

Arten mentaler Zustände

- *Empfindungen*: körperliche Empfindungen wie Kitzel, Schmerzen, Übelkeit und Wahrnehmungseindrücke wie Farb-, Geruchs- und Geschmackseindrücke.
- *Intentionale Zustände* wie Überzeugungen, Wünsche, Hoffnungen, Befürchtungen etc.

Das kritische Merkmal von Empfindungen
- Ihr *qualitativer Charakter*, die Tatsache, dass es immer auf eine bestimmte Weise ist oder sich auf eine bestimmte Weise anfühlt, eine Empfindung zu haben.

Die kritischen Merkmale intentionaler Zustände
- Ihre *Intentionalität*, d.h. die Tatsache, dass sie immer einen semantischen Inhalt haben.
- Die Tatsache, dass Kausalrelationen zwischen intentionalen Zuständen häufig *Rationalitätsprinzipien* bzw. *semantische Relationen* zwischen ihren Inhalten respektieren.

Eine schöne Einführung in die Problematik findet sich in McGinn 1982.

4.2 Intentionale Zustände und das Computermodell in der Philosophie des Geistes

Nach allgemeiner Einschätzung sind die kritischen Merkmale intentionaler Zustände allerdings nicht ganz so problematisch wie die von Empfindungen. Um zu erläutern, warum das so ist, soll hier nur auf das zweite Merkmal eingegangen werden – die Tatsache, dass Kausalrelationen zwischen intentionalen Zuständen häufig Rationalitätsprinzipien bzw. semantische Relationen

Computer als physische Systeme, deren Zustände Rationalitätsprinzipien genügen können

zwischen ihren Inhalten respektieren. (Zur Naturalisierbarkeit des semantischen Gehalts intentionaler Zustände vgl. Beckermann 2008, Kap. 12) In diesem Zusammenhang spielt das Computermodell eine große Rolle. Denn die Entwicklung der Computerwissenschaften in den letzten Jahrzehnten hat gezeigt, wie rein physische Systeme aussehen könnten, die den mit intentionalen Zuständen verbundenen Rationalitätsanforderungen genügen. Wenn man versucht, dies am Beispiel von Überzeugungen plausibel zu machen, ist es notwendig, zunächst noch einmal genauer zu klären, was es eigentlich heißen soll, dass Überzeugungen zumindest bis zu einem gewissen Grade rational sein müssen.

Die Rationalität von Überzeugungen

Sicher wird man nicht verlangen können, dass jemand, der von etwas, sagen wir *p*, überzeugt ist, auch von *allem* überzeugt sein muss, was logisch aus *p* folgt. Aber man wird doch verlangen, dass wer *p* glaubt, auch alle *offensichtlichen* Folgerungen aus *p* glaubt. Wer glaubt, dass alle Katzen eigenwillig sind, und glaubt, dass Mietzi eine Katze ist, der sollte auch glauben, dass Mietzi eigenwillig ist. Und wer glaubt, dass Mietzi intelligent und eigenwillig ist, der sollte auch glauben, dass Mietzi intelligent ist. Wenn die Überzeugungen eines Menschen diesen Bedingungen nicht genügen, würde man sicher daran zweifeln, dass er überhaupt Überzeugungen hat.

Zweitens besagt die Rationalitätsanforderung, dass Überzeugungen grundsätzlich konsistent sein müssen; niemand kann *offensichtlich* Widersprüchliches glauben. Auch hier ist es natürlich möglich, dass jemand etwas glaubt, woraus sich in nichttrivialer Weise ein Widerspruch ableiten lässt. Frege zum Beispiel war von der Wahrheit der Axiome seiner Arithmetik völlig überzeugt, bis Russell nachweisen konnte, dass aus diesen Axiomen ein Widerspruch ableitbar ist. Auf der anderen Seite würde jedoch die Annahme, dass jemand zugleich *p* und nicht-*p* glaubt, wieder Zweifel daran aufkommen lassen, dass er überhaupt eine entsprechende Überzeugung hat.

Drittens schließlich besagt die Rationalitätsanforderung für Überzeugungen, dass nicht alle (vielleicht nicht einmal die meisten) Überzeugungen einer Person falsch sein dürfen. Denn in einem solchen Fall könnte man nicht mehr sagen, was diese Person eigentlich glaubt.

Was ist ein Computer?

Inwiefern haben nun die Computerwissenschaften gezeigt, dass es rein physische Systeme geben kann, deren Zustände diesen drei Rationalitätskriterien genügen? Bevor wir versuchen, eine Antwort auf diese Frage zu geben, sollten wir zuerst klären, was das überhaupt ist – ein Computer. Wenn man nur vom Wort ausgeht, könnte man denken, dass Computer Rechenmaschinen sind. Doch das wäre höchstens die halbe Wahrheit. Genau genommen sind Computer Geräte zur Erzeugung und Verarbeitung elektronischer Symbole. Diese Symbole sind, wie man sagt, Ketten von Nullen und Einsen. Nullen und Einsen werden ihrerseits jedoch durch bestimmte Spannungszustände kleiner elektronischer Bauteile realisiert. Computer sind also Geräte zur Erzeugung und Verarbeitung von Mustern solcher Spannungszustände. Was hat das mit Rechnen zu tun?

Eine der entscheidenden Einsichten des Pioniers der modernen Computerwissenschaft, *Alan Turing* (1912-1954), war, dass Rechnen tatsächlich kein Hantieren mit Zahlen, sondern ein Hantieren mit *Zahlzeichen* ist – und zwar ein algorithmisches*, bestimmten festgelegten Regeln folgendes Erzeugen und Verändern von Zahlzeichen. Wenn wir das Produkt von 85 und 32 errechnen wollen, gehen wir etwa so vor: Wir schreiben zuerst die Zahlzeichen ‚85' und ‚32' in eine Zeile, dazwischen ein ‚×'. Darunter ziehen wir einen Strich. Als nächstes überlegen wir uns, was das Produkt von 5 und 3 ist.[3] Dabei kommen wir zu dem Ergebnis 15. Wir schreiben die zweite Ziffer des Zeichens für dieses Ergebnis – die Ziffer ‚5' – unter das Zeichen ‚5' in der ersten Zeile; außerdem merken wir uns die erste Ziffer ‚1'. Nun überlegen wir uns, was das Produkt von 8 und 3 ist, und addieren zu diesem Produkt 1. Wir nehmen das Zeichen für das Ergebnis ‚25' und schreiben es in die beiden Felder links neben die ‚5' in der zweiten Zeile. Als nächstes berechnen wird das Produkt von 5 und 2 und erhalten das Ergebnis 10. Wir tragen die zweite Ziffer des Zeichens für dieses Produkt – die Ziffer ‚0' – in der dritten Zeile in das Feld rechts neben dem Feld unter der ‚5' ein und merken uns wieder die Ziffer ‚1'. Wir berechnen das Produkt von 8 und 2 und addieren 1. Das Zahlzeichen für das Ergebnis (‚17') schreiben wir in die beiden Felder links neben der ‚0'. Unter die dritte Zeile machen wir einen Strich. Wir gehen in die vierte Zeile und betrachten jetzt jeweils die beiden Ziffern, die über dem jeweiligen Feld stehen. Wir beginnen in dem Feld unter der ‚0'. Über diesem Feld steht nur die ‚0'; deshalb schreiben wir auch in dieses Feld eine ‚0'. Wir gehen ein Feld nach links. Über diesem Feld stehen die Ziffern ‚5' und ‚7'. Als Summe

Rechnen als
Hantieren mit
Zahlzeichen

---

[3] Dieses Überlegen sollte man sich am besten als Nachschauen in einer Tabelle vorstellen. Letztlich ist es diese Tabelle, die man lernt, wenn man das kleine Einmaleins lernt.

von 5 und 7 erhalten wir 12; wir tragen die zweite Ziffer des Zahlzeichens für diese Summe – die Ziffer ‚2' – in das Feld ein und merken uns die Ziffer ‚1'. Wieder gehen wir ein Feld nach links. Über diesem Feld stehen die Ziffern ‚5' und ‚1'. Wir bilden die Summe von 5 und 1 und addieren zu dieser Summe die gemerkte 1; das Ergebnis ist 7. Deshalb tragen wird die Ziffer ‚7' in das aktuelle Feld ein und gehen noch einmal ein Feld nach links. Über diesem Feld steht nur die ‚2', die wir sofort eintragen können. Fertig! In der vierten Zeile steht das Zeichen für das Produkt von 85 und 32.

		8	5	×	3	2
	2	5	5			
		1	7	0		
	2	7	2	0		

Rechnen besteht also darin, dass man – ausgehend von vorhandenen *Zahlzeichen* – *schrittweise* neue *Zahlzeichen* erzeugt, indem man *einfache* Operationen in geeigneter Weise *nacheinander* ausführt. Dieses Ergebnis Turings wird durch ein ebenso bahnbrechendes Resultat der späteren Computerwissenschaft ergänzt.

Computer als Geräte, in denen Muster von Spannungszuständen nach festen Regeln verändert werden

Wenn man Zahlzeichen als Muster von Spannungszuständen kleiner elektronischer Bauteile realisiert, kann man *erstens* auch die einfachen Operationen, auf denen alle Berechnungen beruhen, elektronisch realisieren. *Zweitens* ist es darüber hinaus möglich, elektronische Geräte so zu bauen, dass diese Operationen genau in der Weise nacheinander ausgeführt werden, dass das gewünschte Resultat entsteht.

Auch logisches Schließen kann als regelgeleitete Veränderung von Zeichen aufgefasst werden

In unserem Zusammenhang ist jedoch ein weiterer Punkt von entscheidender Bedeutung – die Tatsache, dass man nicht nur Rechnen, sondern auch logisches Schließen als Veränderung und Erzeugung von Symbolen auffassen und daher genau so wie das Rechnen elektronisch realisieren kann. Zum Verständnis dieser Tatsache muss man sich zunächst klar machen, dass die elektronischen Symbole, die in Computern verändert werden, nicht nur als Zahlzeichen, sondern auch als Ausdrücke interpretiert werden können, die für Gegenstände der Umwelt stehen und die so zu komplexen Ausdrücken zusammengestellt werden können, dass diese Ausdrücke mögliche Sachverhalte in der Umwelt ausdrücken. Was die auf der übernächsten Seite in Abbildung 1 gezeigte

Blockwelt angeht, könnte ‚objekt1' z.B. für den hellgrau Würfel stehen, ‚objekt2' für die schwarze Pyramide auf dem hellgrau Würfel, ‚objekt3' für den dunkelgrau Würfel, usw.[4]

Wie lässt sich logisches Schließen elektronisch realisieren? Die Beziehung der logischen Folgerung ist zunächst einmal eine *semantische** Beziehung: Ein Satz *B* folgt genau dann aus einem Satz *A*, wenn sich aus den in *A* und *B* enthalten logischen Ausdrücken ergibt, dass *B* wahr sein muss, wenn *A* wahr ist. Die Beweistheorie* hat aber gezeigt, dass es für diese semantische Beziehung ein rein *syntaktisches** Pendant gibt, d.h. genauer: dass es rein syntaktische Kalküle *K* gibt, für die gilt: Ein Satz *B* folgt genau dann logisch aus dem Satz *A*, wenn sich *B* in *K* aus *A ableiten* lässt. Wichtig ist, dass auch das Ableiten in einem Kalkül ein rein formales Hantieren mit Zeichenketten ist und dass wieder gilt: Dieses Hantieren kann man so ausführen, dass man einfache Operationen in einer bestimmten Reihenfolge nacheinander ausführt. Genau aus diesem Grund gibt es Inferenzprogramme – Computerprogramme, mit denen aus einer Symbolfolge genau die Symbolfolgen erzeugt werden können, die den logischen Folgerungen dieser Symbolfolge entsprechen.

An einem einfachen Beispiel soll erläutert werden, wie dieser Zusammenhang genutzt werden kann, um sicherzustellen, dass elektronisch realisierte Überzeugungen den entsprechenden Rationalitätsanforderungen genügen. Die in Abbildung 1 gezeigte Blockwelt lässt sich z.B. durch folgende Datenstrukturen repräsentieren (solche Datenstrukturen nennt man *Listen*):

Eine Blockwelt als Beispiel

(ist-ein	objekt1	würfel)
(farbe	objekt1	hellgrau)
(ort	objekt1	(2 1 0))
(ist-ein	objekt2	pyramide)
(farbe	objekt2	schwarz)
(ort	objekt2	(2 1 2))
(auf	objekt2	objekt1)
(ist-ein	objekt3	würfel)
(farbe	objekt3	dunkelgrau)
(ort	objekt3	(8 5 0))
(ist-ein	objekt4	pyramide)
(farbe	objekt4	schwarz)
(ort	objekt4	(4 7 0))

---

4 Auch die Namen ‚objekt1', ‚objekt2', ‚objekt3' usw. sind natürlich letzten Endes Folgen von Nullen und Einsen, die durch bestimmte Spannungszustände kleiner elektronischer Bauteile realisiert sind.

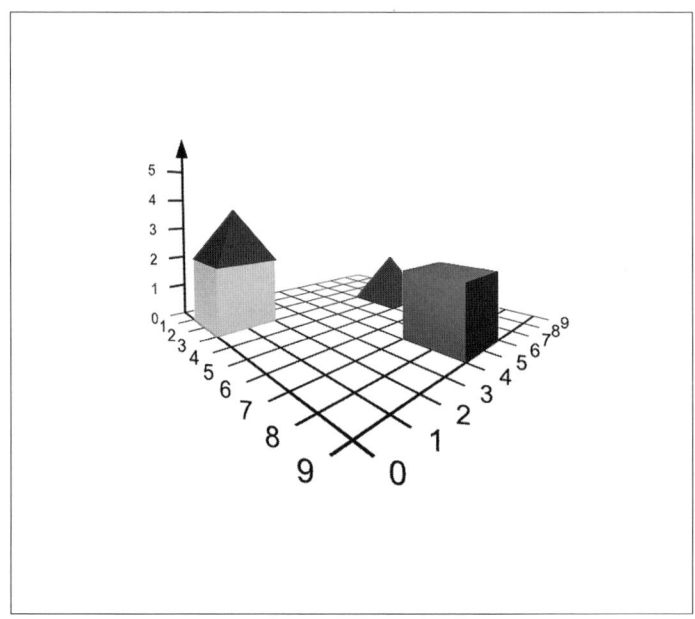

Abbildung 1

Die Realisierung von Rationalitätsbeziehungen durch Inferenzprogramme

Nehmen wir nun an, dass die Überzeugungen, die ein computationales System bzgl. der in Abbildung 1 gezeigten Blockwelt hat, dadurch realisiert sind, dass die oben angeführten Listen in einem bestimmten Datenspeicher – nennen wir ihn ‚Überzeugungsspeicher‘ – abgelegt sind. (Wenn sich im Überzeugungsspeicher die Liste „(ist-ein objekt1 würfel)" befindet, bedeutet das also, dass dieses System die Überzeugung hat, dass Objekt1 ein Würfel ist.) Unter dieser Voraussetzung ist leicht zu sehen, wie ein Inferenzprogramm dafür sorgen kann, dass die Überzeugungen des Systems der ersten Rationalitätsanforderung genügen. Dafür ist nur nötig, dass dieses Programm alle offensichtlichen Folgerungen aus den im Datenspeicher vorhandenen Listen berechnet. Dies kann unter anderem aufgrund der Regel „(wenn (ist-ein x y) (es-gibt y))" geschehen, die z.B. dafür sorgt, dass die Liste „(es-gibt pyramide)" in den Überzeugungsspeicher geschrieben wird, da sich dort schon die Liste „(ist-ein objekt2 pyramide)" befindet. Oder aufgrund der Regel „(wenn (auf x y) (über x y))", die dafür sorgt, dass die Liste „(über objekt2 objekt1)" in den Überzeugungsspeicher geschrieben wird, da sich dort schon die Liste

„(auf objekt2 objekt1)" befindet. Oder aufgrund der Regel „(wenn (farbe x schwarz) (nicht (farbe x hellgrau)))", die dafür sorgt, dass die Liste „(nicht (farbe objekt2 hellgrau))" in den Überzeugungsspeicher geschrieben wird, da sich dort schon die Liste „(farbe objekt2 schwarz)" befindet.

In ähnlicher Weise kann ein Inferenzprogramm auch für die Konsistenz der Überzeugungen des Systems sorgen, indem es für jede Liste prüft, ob die Negation dieser Liste aus den übrigen Listen abgeleitet werden kann, und, falls das der Fall ist, die geprüfte Liste oder eine der Listen, die zur Ableitung der Negation notwendig waren, aus dem Datenspeicher entfernt. (An dieser Stelle ist, wie man sofort sieht, allerdings das keineswegs einfache Entscheidungsproblem zu lösen, welche Listen entfernt werden sollen.)

Inferenzprogramme der gerade geschilderten Art reichen allerdings nicht mehr aus, wenn es um die Erfüllung der dritten Rationalitätsanforderung geht. Denn damit die Überzeugungen eines Systems in der Regel wahr sind, d.h. mit seiner Umwelt übereinstimmen, ist es offensichtlich notwendig, dass das System über Wahrnehmungskomponenten verfügt, die es ihm ermöglichen, Informationen über diese Umwelt aufzunehmen. Dies ist, wie sich gezeigt hat, ein sehr schwieriges Problem; aber auch hier ist zumindest in den Grundzügen klar, wie dieses Problem durch bloße Symbolmanipulation in einem Computer gelöst werden kann. Aus den Arbeiten von *David Marr* (1945–1980) etwa geht zumindest im Prinzip hervor, was notwendig ist, um z.B. aus der Grauwertverteilung eines Fernsehbildes die Umweltszene zu rekonstruieren, die zu dieser Grauwertverteilung geführt hat (vgl. besonders Marr 1982). Insgesamt kann man daher zu Recht sagen, dass die Computerwissenschaften und die Künstliche Intelligenz-Forschung in den letzten Jahren gezeigt haben, dass es rein physische Systeme geben kann, die den für intentionale mentale Zustände charakteristischen Rationalitätsanforderungen genügen.

Die computationale Realisierung von Wahrnehmungskomponenten

Das Computermodell des Geistes spielt in der Philosophie Jerry Fodors eine entscheidende Rolle, besonders lesenswert Fodor 1987.

4.3 Das Qualia-Problem

Damit sind wir bei dem angelangt, was David Chalmers das ‚harte' Problem für den Eigenschaftsphysikalismus genannt hat

Das ‚harte' Problem für den Eigenschaftsphysikalismus

– beim Qualia-Problem (Chalmers 1995). Hier geht es um die Frage, wie man im Hinblick auf Empfindungen Eigenschaftsphysikalist sein kann, wo Empfindungen doch auch durch ihren qualitativen Charakter, durch ihre Qualia, gekennzeichnet sind.

4.3.1 Thomas Nagel über die Subjektivität von Empfindungen

Die Subjektivität qualitativer Empfindungen

Was ist das Besondere an Qualia? Warum stellt der qualitative Charakter von Empfindungen ein Problem für den Eigenschaftsphysikalismus dar? Eine erste Antwort auf diese Frage findet sich in *Thomas Nagels* (*1937) berühmtem Aufsatz „What is it like to be a bat?". (Ähnliche Überlegungen finden sich schon in Farrell 1950; vgl. auch Gunderson 1970; 1974.) Die für Empfindungen charakteristischen Erlebnisqualitäten sind, so Thomas Nagel, insofern *subjektiv*, als sie notwendig an eine bestimmte Perspektive gebunden sind. Die Physik dagegen ist *objektiv*; in ihr wird von jeder einzelnen Perspektive abgesehen.

> Wenn der Physikalismus verteidigt werden soll, müssen [phänomenale] Eigenschaften selbst physikalisch erklärt werden. Wenn wir aber ihren subjektiven Charakter untersuchen, scheint so etwas unmöglich zu sein. Der Grund dafür ist, dass jedes subjektive Phänomen mit einer einzelnen Perspektive verbunden ist; und es scheint unvermeidlich, dass eine objektive physikalische Theorie von dieser Perspektive abstrahieren wird. (T. Nagel 1974, 262f.)

Was meint Thomas Nagel, wenn er Erlebnisqualitäten ‚subjektiv' nennt? Wir alle wissen, dass sich Fledermäuse anders im Raum orientieren als wir. Sie senden Schallwellen aus und registrieren den Schall, der von den in ihrer Reichweite befindlichen Gegenständen reflektiert wird. Der sensorische Apparat von Fledermäusen unterscheidet sich also grundlegend von unseren Sinnesorganen. Auf der anderen Seite sind jedoch auch Fledermäuse Säugetiere, und daher scheint es zumindest plausibel anzunehmen, dass auch ihre Wahrnehmungen einen Erlebnisaspekt haben, dass es sich für sie ‚auf eine bestimmte Weise anfühlt', diese Art von Echolotwahrnehmungen zu haben. Aber *wie* fühlt es sich an? Gibt es irgendeine Methode, das Innenleben dieser Tiere aus unserem Innenleben zu erschließen? Oder gibt es einen anderen Weg, eine Antwort auf diese Frage zu finden?

> Es wird nicht helfen, sich vorzustellen, dass man Flughäute an den Armen hätte, die einen befähigen, bei Einbruch der Dunkelheit und

im Morgengrauen herumzufliegen, während man mit dem Mund Insekten finge; dass man ein schwaches Sehvermögen hätte und die Umwelt mit einem System reflektierter akustischer Signale aus dem Hochfrequenzbereich wahrnähme; und dass man den Tag an den Füßen nach unten hängend in einer Dachkammer verbrächte. (T. Nagel 1974, 264)

Aus all dem würde nämlich nur folgen, wie es für *uns* wäre, das Leben einer Fledermaus zu führen. Einer Antwort auf die Frage, wie dies für eine *Fledermaus selbst* ist, brächte es uns nicht näher. Offenbar reicht unser Vorstellungsvermögen in diesem Fall nicht aus. Denn was wir uns vorstellen können, hängt von den Ressourcen unseres eigenen Bewusstseins ab; und diese Ressourcen sind für unser Vorhaben unzulänglich. Wir befinden uns Fledermäusen gegenüber damit in der gleichen Situation, in der sich aller Wahrscheinlichkeit nach Marsmenschen uns gegenüber befinden würden. Was auch immer sie über unsere Sinneserfahrungen und Empfindungen herausfinden, der spezifische Erlebnischarakter dieser mentalen Zustände muss ihnen verborgen bleiben. Denn um diesen Erlebnischarakter zu erfassen, benötigt man Begriffe, „die nur von Wesen verstanden werden können, die uns hinreichend ähnlich sind" (T. Nagel 1974, 265).

Aus dieser Überlegung ergibt sich Thomas Nagels Antwort auf die Frage, warum Erlebnisqualitäten subjektiv sind. Denn seiner Meinung nach ist jede Tatsache subjektiv, die nur mit Hilfe von subjektiven Begriffen erfasst werden kann – d.h. mit Hilfe von Begriffen, die nur erwerben kann, wer in der Lage ist, eine bestimmte Erfahrungsperspektive einzunehmen. Und genau dies trifft zu, wenn es etwa um die Frage geht, wie es sich anfühlt, Zahnschmerzen zu haben. Um die Erlebnisqualität dieser Empfindung erfassen zu können, benötigt man Begriffe, deren Erwerb voraussetzt, dass man selbst schon einmal Zahnschmerzen gehabt hat oder dass man sich zumindest vorstellen kann, wie es ist, Zahnschmerzen zu haben. Objektiv sind demgegenüber die Tatsachen, „die aus verschiedenen Perspektiven und von Individuen mit verschiedenen Wahrnehmungssystemen beobachtet und verstanden werden können" (T. Nagel 1974, 267). Objektive Tatsachen können also mit Hilfe von Begriffen erfasst werden, für deren Erwerb keine spezielle Erfahrungsperspektive erforderlich ist. Thomas Nagel zufolge sind aber alle physikalischen Tatsachen – sozusagen *per definitionem* – objektiv. Und daraus ergibt sich das Problem, wie es möglich sein soll, ihrer Natur nach subjektive mentale Zustände auf objektive physikalische Zustände zu reduzieren.

Subjektivität nach Thomas Nagel

Thomas Nagel sagt *nicht*, dass dies unmöglich ist, sondern nur dass keine der gegenwärtigen Konzeptionen uns einen Hinweis darauf gibt, wie eine solche Reduktion aussehen könnte. Seiner Meinung nach kann man aus den angeführten Überlegungen nicht den Schluss ziehen, dass der Physikalismus falsch ist.

> Es wäre richtiger zu sagen, dass der Physikalismus eine Position ist, die wir nicht verstehen können, weil wir gegenwärtig keine Konzeption davon haben, wie er wahr sein könnte. (T. Nagel 1974, 267)

Doch dies liegt vielleicht nur daran, dass wir uns in einer ähnlichen Situation befinden wie ein vorsokratischer Philosoph, den man mit der Hypothese „Masse = Energie" konfrontiert. Im Augenblick fehlen uns die begrifflichen Mittel, um zu verstehen, wie der Physikalismus wahr sein kann. Dies muss jedoch, wie das Beispiel zeigt, nicht immer so bleiben.

Thomas Nagels Thesen zum subjektiven Charakter von Empfindungen

1. Es gibt Begriffe, die nur erwerben kann, wer in der Lage ist, eine bestimmte *Erfahrungsperspektive* einzunehmen.
2. Tatsachen, die man nur erfassen kann, wenn man über derartige Begriffe verfügt, sind *subjektive* Tatsachen.
3. Tatsachen, die die Frage betreffen, *wie es ist*, bestimmte Empfindungen zu haben, sind in diesem Sinne subjektiv.
4. Im Augenblick haben wir noch keinerlei Vorstellung davon, wie es möglich sein soll, ihrer Natur nach subjektive mentale Zustände auf objektive physikalische Zustände zu reduzieren.

4.3.2 Jacksons Argument des unvollständigen Wissens

Obwohl die Argumente, die Frank Jackson in seinem Aufsatz „Epiphenomenal Qualia" (1982) entwickelt hat, fast dieselbe Pointe haben wie die Überlegungen Nagels, sieht Jackson die Zukunft des Physikalismus in sehr viel düstereren Farben. Seiner Meinung nach behauptet der Physikalismus nämlich unter anderem, dass alle Tatsachen physikalische Tatsachen sind.[5] Wenn

---

[5] Wenn man annimmt, dass eine Tatsache darin besteht, dass ein Gegenstand eine bestimmte Eigenschaft hat bzw. dass mehrere Gegenstände

man zeigen kann, dass es nicht-physikalische Tatsachen gibt, muss der Physikalismus daher falsch sein.

Jacksons Argumente beruhen auf einem inzwischen berühmt gewordenen Gedankenexperiment. Mary, eine brillante Wissenschaftlerin, ist durch unglückliche Umstände gezwungen, von Geburt an in einer schwarz-weiß-grauen Umgebung zu leben. Die Zimmer, in denen sie lebt, sind mit schwarzen und weißen Möbeln ausgestattet, und mit der übrigen Welt kann sie nur über einen Computer mit einem Schwarz-Weiß-Bildschirm kommunizieren. Trotzdem gelingt es ihr, sich zu einer Expertin in Wahrnehmungsphysiologie auszubilden. Am Ende dieser Ausbildung, so die Annahme, verfügt sie über alle *physikalischen* Informationen über das, was vorgeht, wenn ein Normalsichtiger eine reife Tomate oder den blauen Himmel sieht oder wenn er Wörter wie ‚rot‘ und ‚blau‘ verwendet. Sie weiß also, Licht welcher Wellenlängen bei schönem Wetter vom Himmel auf die Retina gelangt, und sie weiß auch, wie dies – auf dem Wege über das Zentralnervensystem, die Stimmbänder und das Auspressen von Luft aus der Lunge – dazu führt, dass jemand den Satz „Der Himmel ist heute aber schön blau" äußert. Ihr Wissen über alle mit der Wahrnehmung von Farben zusammenhängenden physikalischen und physiologischen Prozesse ist also so vollständig wie irgend möglich.

> Das Mary Gedankenexperiment

Trotzdem, so Jackson, weiß Mary nicht alles, was man über Farbwahrnehmungen wissen kann. Wenn wir uns fragen, was wohl geschieht, wenn Mary ihr schwarz-weiß-graues Gefängnis verlässt und zum ersten Mal selbst eine reife Tomate sieht, kommen wir nämlich nicht umhin, zuzugeben, dass sie *etwas Neues* lernt. (Hier und im Folgenden ist immer vorausgesetzt, dass diese Tomate der erste rote Gegenstand ist, den Mary sieht, nachdem sie ihre alte Umgebung verlassen hat, und dass sie diese Tomate unter normalen Bedingungen sieht.) Denn erst in diesem Augenblick lernt sie, *wie es ist*, einen Roteindruck zu haben.

> Es scheint ganz offensichtlich, dass sie etwas über die Welt und über unsere visuelle Erfahrung der Welt lernt. Aber dann ist der Schluss unausweichlich, dass ihr bisheriges Wissen unvollständig war. Auf der anderen Seite hatte sie aber *alle* physikalischen Infor-

---

in einer bestimmten Beziehung zueinander stehen und dass eine Tatsache genau dann eine physikalische Tatsache ist, wenn die beteiligten Gegenstände, Eigenschaften oder Beziehungen physikalische Gegenstände, Eigenschaften oder Beziehungen sind, dann liegt der Zusammenhang dieser These mit dem Substanz- und Eigenschaftsphysikalismus auf der Hand.

mationen. *Also* kann man mehr als diese Informationen haben; und der Physikalismus ist falsch. (Jackson 1982, 130).

Offenbar lässt sich Jacksons Argument so rekonstruieren:

Jacksons Argument des unvollständigen Wissens

1. Mary weiß vor dem Verlassen ihrer schwarz-weiß-grauen Umgebung alles, was es *physikalisch* und *physiologisch* über das Farbsehen von Menschen zu wissen gibt.
2. Mary lernt beim ersten Anblick eines roten Gegenstands nach dem Verlassen ihrer schwarz-weiß-grauen Umgebung *etwas Neues.*
3. Also lernt Mary beim ersten Anblick eines roten Gegenstands nach dem Verlassen ihrer schwarz-weiß-grauen Umgebung eine *neue Tatsache.*
4. Also kennt Mary vor dem Verlassen ihrer Umgebung *nicht alle Tatsachen,* die das Farbsehen von Menschen betreffen.
5. Also gibt es im Hinblick auf das Farbsehen von Menschen Tatsachen, die *keine physikalischen* Tatsachen sind.
6. Also gibt es *nicht-physikalische Tatsachen.*
7. Also ist der Physikalismus *falsch.*

Lernt Mary etwas Neues?

Ist es tatsächlich so, dass aus der Tatsache, dass Mary etwas Neues lernt, folgt, dass sie das Bestehen einer neue Tatsache lernt? Nicht unbedingt. *Gottlob Frege* (1848–1925) hat darauf hingewiesen, dass man bei allen sprachlichen Ausdrücken zwischen Sinn und Bezug unterscheiden muss. Die beiden Ausdrücke ‚Morgenstern' und ‚Abendstern' bezeichnen denselben Himmelskörper – den Planeten Venus. Aber sie unterscheiden sich offensichtlich in ihrem Sinn. Wenn nun jemand, der nicht weiß, dass ‚Morgenstern' und ‚Abendstern' denselben Himmelskörper bezeichnen, zuerst lernt, dass der Morgenstern zwischen Merkur und Erde um die Sonne kreist, und dann später liest, dass auch der Abendstern zwischen Merkur und Erde um die Sonne kreist, dann lernt er etwas Neues. Denn die beiden Sätze „Der Morgenstern kreist zwischen Merkur und Erde um die Sonne" und „Der Abendstern kreist zwischen Merkur und Erde um die Sonne" drücken nach Frege *verschiedene Gedanken* aus. Aber sie werden durch dieselbe Tatsache wahr gemacht – durch die Tatsache, dass die Venus zwischen Merkur und Erde um die Sonne kreist. Es kann also durchaus sein, dass man etwas Neues lernt, ohne zugleich das Bestehen einer neue Tatsache zu lernen. (Eine ausführliche Diskussion von Jacksons Argument des unvollständigen Wissens findet sich in Beckermann 2008, 414–424)

4.3.3 Levines Argument der Erklärungslücke

In der Diskussion, wie plausibel der Eigenschaftsphysikalismus im Hinblick auf Empfindungen ist, hat in den letzten Jahren neben den Argumenten Thomas Nagels und Frank Jacksons insbesondere Joseph Levines *Argument der Erklärungslücke* eine große Rolle gespielt. (Vgl. Levine 1983; 1993; ein verwandtes Argument findet sich in Bieri 1995.) Levine geht vom Vergleich der folgenden beiden Aussagen aus:

Das Argument der Erklärungslücke

(1) Schmerz ist identisch mit dem Feuern von C-Fasern.
(2) Temperatur ist identisch mit der mittleren kinetischen Energie der Moleküle eines Gases.

Wir hatten schon gesehen, dass in Levines Augen die zweite Aussage *vollständig explanatorisch* ist, weil Folgendes gilt (vgl. oben S. 68f.):

1. Unser Begriff von Temperatur erschöpft sich vollständig in ihrer kausalen Rolle.
2. Die Physik kann verständlich machen, dass die mittlere kinetische Energie der Moleküle eines Gases genau diese kausale Rolle spielt.

Aber könnten diese beiden Punkte – *mutatis mutandis* – nicht auch auf Schmerzen zutreffen? Könnte nicht auch die Aussage (1) vollständig explanatorisch sein? Mit dem Ausdruck ‚Schmerzen' assoziieren wir doch ebenfalls eine kausale Rolle. Schmerzen werden durch die Verletzung von Gewebe verursacht, sie führen dazu, dass wir schreien oder wimmern, und sie bewirken in uns den Wunsch, den Schmerz so schnell wie möglich loszuwerden. Dies bestreitet auch Levine nicht. Und er bestreitet nicht einmal, dass das Feuern von C-Fasern den Mechanismus erklären könnte, auf dem die kausale Rolle von Schmerzen beruht. Dennoch gibt es seiner Meinung nach einen entscheidenden Unterschied.

Warum ist die Aussage (1) nicht vollständig explanatorisch?

> Unser Begriff von Schmerzen umfasst […] mehr als ihre kausale Rolle; es gibt auch den qualitativen Charakter von Schmerzen, wie es sich anfühlt, Schmerzen zu haben. Und was durch die Entdeckung der C-Fasern unerklärt bleibt, ist, *warum sich Schmerzen so anfühlen sollen, wie sie sich anfühlen!* Denn am Feuern von C-Fasern

scheint es nichts zu geben, was dafür sorgen würde, dass das Feuern dieser Fasern in natürlicher Weise zu den phänomenalen Eigenschaften von Schmerzen ‚passt'; es könnte genauso gut zu einer anderen Menge von phänomenalen Eigenschaften passen. Anders als bei der funktionalen Rolle bleibt bei der Identifikation des qualitativen Aspekts von Schmerzen mit dem Feuern von C-Fasern (oder mit einer Eigenschaft des Feuerns von C-Fasern) die Beziehung zwischen dem qualitativen Aspekt und dem, womit wir ihn identifizieren, vollständig rätselhaft. Man könnte auch sagen: Diese Identifikation macht die Art und Weise, wie es sich anfühlt, Schmerzen zu haben, zu einem *factum brutum*. (Levine 1983, 357)

Ein erster Grund dafür, dass die Aussage (1) in Levines Augen nicht vollständig explanatorisch ist, ist also:

3. Unser Begriff von Schmerzen erschöpft sich nicht in einer kausalen Rolle; er umfasst auch einen qualitativen Aspekt – die Art, wie es sich anfühlt, Schmerzen zu haben.

Aber dies allein ist noch nicht entscheidend. Denn (1) könnte trotzdem vollständig explanatorisch sein, *wenn* die Neurobiologie verständlich machen könnte, dass sich das Feuern von C-Fasern genauso anfühlt, wie dies für Schmerzen charakteristisch ist. Für den nicht-explanatorischen Charakter von (1) ist deshalb folgender Punkt noch wichtiger:

4. Die Neurobiologie kann *nicht* verständlich machen, dass sich das Feuern von C-Fasern genauso anfühlt, wie dies für Schmerzen charakteristisch ist.

Levines Argument lässt sich daher so zusammenfassen:

Levines Argument der Erklärungslücke

1. Zu den charakteristischen Merkmalen phänomenaler Zustände gehört nicht nur eine bestimmte kausale Rolle, sondern auch, dass es sich auf eine jeweils spezifische Weise anfühlt, in diesen Zuständen zu sein.

2. Für *keinen* möglichen Gehirnzustand folgt aus den allgemeinen Gesetzen der Neurobiologie, dass es sich auf eine spezifische Weise anfühlt, in diesem Zustand zu sein.

3. Also können phänomenale Zustände nicht allein durch Bezug auf Gehirnzustände reduktiv erklärt werden.

Wenn man einmal zugesteht, dass zu den charakteristischen Merkmalen phänomenaler Zustände jeweils auch eine spezifische Erlebnisqualität gehört, liegt der kritische Punkt des Levineschen Arguments offenbar in seiner zweiten Prämisse. Warum ist sich Levine so sicher, dass für *keinen* Gehirnzustand aus den allgemeinen Gesetzen der Neurobiologie folgt, dass es sich auf eine spezifische Weise anfühlt, in diesem Zustand zu sein?

Versuchen wir, den entscheidenden Punkt am Beispiel der Makroeigenschaft, flüssig zu sein, klar zu machen. Wenn man in einem Lexikon unter dem Stichwort ‚Flüssigkeit' nachschaut, findet man Einträge wie diesen: „Flüssigkeiten unterscheiden sich von Gasen dadurch, dass ihr Volumen weitgehend druckunabhängig ist, d.h. nur mit großem Druck verringert werden kann; von festen Körpern unterscheiden sie sich dadurch, dass ihre Form veränderlich ist und sich der Form des jeweiligen Gefäßes anpasst." Dies ist offensichtlich eine (wenn auch unvollständige) Aufzählung der Merkmale, durch die die Eigenschaft, flüssig zu sein, charakterisiert ist. Lässt sich nun die Tatsache, dass Wasser bei 20° C flüssig ist, aus der Mikrostruktur von Wasser ableiten? Bzw. genauer: Folgt aus den allgemeinen Naturgesetzen, die für H_2O-Moleküle gelten, dass Wasser bei 20° C genau diese Merkmale aufweist?

Worauf beruht eine reduktive Erklärbarkeit der Makroeigenschaft, flüssig zu sein?

Nun, aus diesen Naturgesetzen folgt erstens, dass der mittlere Abstand, den H_2O-Moleküle bei 20° C zueinander haben, aufgrund der zwischen den Molekülen bestehenden Abstoßungskräfte nur mit großem Druck weiter verringert werden kann. Und aus ihnen folgt zweitens, dass die Anziehungskräfte zwischen den Molekülen bei 20° C nicht ausreichen, um sie an ihren relativen Positionen festzuzurren. Bei dieser Temperatur können die Moleküle also ‚frei übereinander rollen'. Wenn auf alle Moleküle dieselbe Kraft wirkt, wird sich daher jedes Molekül bis zu dem Ort bewegen, an dem es sozusagen nicht mehr weiter kann.

Damit allein ist aber noch nicht gezeigt, dass *Wasser* bei 20° C alle Merkmale aufweist, die für die Eigenschaft, flüssig zu sein, charakteristisch sind. Denn bisher wissen wir nur, wie sich die *einzelnen H_2O-Moleküle* bei dieser Temperatur verhalten. Wir benötigen zusätzlich *Brückenprinzipien*,[6] aus denen hervorgeht, wie das Verhalten der gesamten Flüssigkeit mit dem Verhalten ihrer einzelnen Moleküle zusammenhängt (vgl. Levine 1993, 131). Und diese Prinzipien lauten offenbar:

Die Rolle von Brückenprinzipien bei reduktiven Erklärungen

---

6 Brückenprinzipien sind etwas anderes als die Brückengesetze, die wir in Abschnitt 3.2 kennen gelernt hatten. Sie haben eine andere Form und eine andere Funktion.

(3) Wenn der mittlere Abstand, den die Moleküle eines Stoffes zueinander haben, nur mit großem Druck verringert werden kann, dann lässt sich das Volumen dieses Stoffes nur mit großem Druck verringern.

(4) Wenn die Moleküle eines Stoffes frei übereinander rollen können, ist die Form dieses Stoffes veränderlich und passt sich der Form des Gefäßes an, in dem er sich befindet.

Der Status dieser Brückenprinzipien ist zwar nicht leicht zu durchschauen. Aber zwei Dinge scheinen doch klar:

• Ohne Brückenprinzipien kann es niemals gelingen zu zeigen, dass aus den allgemeinen Gesetzen, die für die *Teile* eines Systems gelten, folgt, dass das *System als Ganzes* bestimmte Merkmale aufweist.

• Diese Brückenprinzipien scheinen so *selbstverständlich*, dass man wohl davon ausgehen kann, dass sie den Status von *a priori**-Prinzipien haben.

Damit ergibt sich die folgende Antwort auf die Frage, warum es – nach der gegebenen Erklärung – nicht mehr denkbar ist, dass Wasser bei 20° C *nicht* flüssig ist. Der erste Grund dafür ist einfach, dass aus den allgemeinen Naturgesetzen folgt, dass der mittlere Abstand, den H_2O-Moleküle bei 20° C zueinander haben, nur mit großem Druck weiter verringert werden kann und dass die Anziehungskräfte zwischen den Molekülen bei 20° C nicht ausreichen, um sie an ihren relativen Positionen festzuzurren. Mindestens ebenso wichtig ist jedoch der zweite Grund, der sich aus dem speziellen Status der Brückenprinzipien (3) und (4) ergibt. Denn offenbar ist dieser Status dafür verantwortlich, dass es *nicht* denkbar ist, dass der mittlere Abstand, den die Moleküle eines Stoffes zueinander haben, nur mit großem Druck verringert werden kann, sich das Volumen dieses Stoffes aber schon bei geringem Druck verringert bzw. dass die Moleküle eines Stoffes zwar frei übereinander rollen können, die Form dieses Stoffes aber unveränderlich ist, so dass sie sich nicht der Form des Gefäßes anpasst, in dem er sich befindet.[7]

---

[7] Dass dies nicht denkbar ist, scheint an folgendem Grundsatz zu liegen: Die Bewegungen eines Gegenstandes werden durch die Bewegungen seiner Teile bestimmt.
Wenn sich alle Teile eines Gegenstands nach links bewegen, ist es undenkbar, dass sich der Gegenstand selbst nach rechts bewegt. Wenn alle Teile einer Scheibe mit derselben Winkelgeschwindigkeit um einen

Wenn wir das Verhältnis zwischen Schmerzen und C-Fasern betrachten, liegen die Dinge Levine zufolge jedoch anders. Auch wenn wir bis ins letzte Detail darüber informiert sind, welche neurophysiologischen Prozesse (oder welche Informationsverarbeitungsprozesse) im Gehirn ablaufen, ist es seiner Meinung nach immer noch denkbar, dass die Person, in deren Gehirn diese Prozesse ablaufen, keine Schmerzen empfindet. Worauf beruht dieser Unterschied?

Wenn wir die Erklärung, die dazu führt, dass es nicht denkbar ist, dass Wasser bei 20° C nicht flüssig ist, im Detail analysieren, zeigen sich drei wichtige Punkte:

> Warum ist es denkbar, dass meine C-Fasern feuern, ich aber keine Schmerzen fühle?

5. Die charakteristischen Merkmale der Eigenschaft, flüssig zu sein, bestehen *alle* darin, dass sich flüssige Stoffe unter bestimmten Bedingungen auf eine bestimmte Art und Weise *verhalten*.
6. Aus den allgemeinen Naturgesetzen folgt, dass zwischen H_2O-Molekülen bei 20° C bestimmte abstoßende und anziehende Kräfte bestehen.
7. Es gibt Brückenprinzipien, aus denen sich ergibt, dass ein Stoff, zwischen dessen Molekülen diese Kräfte bestehen, genau das Verhalten zeigt, das für die Eigenschaft, flüssig zu sein, charakteristisch ist.

Das erste Problem, das sich bei dem Versuch ergibt zu zeigen, dass Schmerzen durch das Feuern von C-Fasern realisiert sind, ist nach Levine daher:

3. Unser Begriff von Schmerzen erschöpft sich nicht in einer kausalen Rolle; er umfasst auch einen qualitativen Aspekt – die Art, wie es sich anfühlt, Schmerzen zu haben.

Doch dieses Problem ist eigentlich gar nicht entscheidend. Denn Schmerzen könnten immer noch durch das Feuern von C-Fasern erklärt werden, *wenn* es nur Brückenprinzipien gäbe, aus denen hervorginge, dass sich das Feuern von C-Fasern auf die für Schmerzen charakteristische Weise anfühlt. Entscheidend sind daher letzten Endes die folgenden beiden Punkte:

4a. Aus den Gesetzen der Neurobiologie folgt nur, unter welchen Bedingungen welche Neuronen mit welcher Geschwindigkeit feuern.

Punkt kreisen, ist es nicht denkbar, dass sich die Scheibe nicht um diesen Punkt dreht.

Und:

4b. Es gibt keinerlei Brückenprinzipien, die das Feuern von Neuronen mit bestimmten Erlebnisqualitäten verbinden.

Damit soll nicht gesagt sein, dass ein Satz wie

(5) Immer wenn die C-Fasern im Nervensystem einer Person feuern, fühlt diese Person Schmerzen

kein wahres Naturgesetz sein kann, sondern nur, dass er nicht denselben Status hat wie die Sätze (3) und (4) – d.h. nicht den Status eines Brückenprinzips. Genau dies scheint jedenfalls der Grund für Levines These zu sein, dass es jederzeit denkbar ist, dass im Nervensystem einer Person die C-Fasern feuern, diese Person aber keine Schmerzen fühlt.[8]

Konsequenzen für den Eigenschafts-physikalismus

Ist also der Schluss unausweichlich, dass Empfindungen nicht reduktiv erklärt werden können und dass daher – zumindest für Empfindungen – der Eigenschaftsphysikalismus falsch ist? Nicht unbedingt. Denn zunächst kann man wie Papineau, Block und Stalnaker bestreiten, dass reduktive Erklärbarkeit eine notwendige Bedingung für die Wahrheit des Eigenschaftsphysikalismus ist (vgl. oben Abschnitt 3.2.2). D.h., man kann die Auffassung vertreten, dass die Tatsache, dass es zumindest denkbar ist, dass im Nervensystem einer Person die C-Fasern feuern, diese Person aber keine Schmerzen hat, allein darauf beruht, dass der *Sinn* der Ausdrücke ‚Schmerz' und ‚C-Faserfeuern' so verschieden ist, dass sich aus der Annahme, dass der eine Begriff auf eine Person zutrifft, der andere aber nicht, kein Widerspruch ergibt. Aus der Unterschiedlichkeit des Sinns dürfe man aber nicht auf eine Unterschiedlichkeit im Bezug schließen. Mit anderen Worten: Daraus, dass die Ausdrücke ‚Schmerz' und ‚C-Faserfeuern' einen verschiedenen Sinn haben, folgt eben nicht, dass sie nicht doch für dieselbe (physische) Eigenschaft stehen.

Ist es vielleicht doch undenkbar, dass meine C-Fasern feuern, ich aber keine Schmerzen fühle?

Eine zweite Möglichkeit, auf die Argumente Levines zu erwidern, besteht darin, sich den Status von (5) noch einmal genauer

---

[8] Offenbar liegt es genau am Fehlen solcher Brückenprinzipien, dass man, immer wenn jemand behauptet, phänomenale Zustände seien durch physische, neuronale oder funktionale Zustände der Art *P* realisiert, die Frage wiederholen kann: „Aber ist es nicht denkbar, dass Zustände der Art *P* mit ganz anderen oder gar nicht mit Erlebnisqualitäten verbunden sind?" Bieri (1995) hat im Zusammenhang mit der Tatsache, dass diese Frage immer und immer wieder gestellt werden kann, das Bild einer „tibetanischen Gebetsmühle" gebraucht.

anzusehen. Vielleicht ist es – unter bestimmten Umständen – nämlich doch *undenkbar*, dass dieser Satz falsch ist. Auch Levine bestreitet ja nicht, dass unser Begriff von Schmerzen nicht nur den qualitativen Charakter von Schmerzen, sondern auch ihre *kausale Rolle* umfasst. Und Levine bestreitet auch nicht, dass möglicherweise aus den Gesetzen der Neurobiologie folgt, dass das Feuern von C-Fasern bei Menschen genau die kausale Rolle innehat, die für Schmerzen charakteristisch sind. Nehmen wir einmal an, dies sei der Fall. Was würde das bedeuten?

Es würde bedeuten, dass Menschen, deren C-Fasern feuern, sich exakt genau so verhalten wie Menschen, die Schmerzen haben. Sie würden sich bei Verletzungen krümmen, „Aua" rufen und versuchen, etwas gegen die Schmerzen zu tun. Und zum Verhalten gehört auch das *verbale* Verhalten. D.h., Menschen, deren C-Fasern feuern, würden auch dasselbe *sagen* wie Menschen, die Schmerzen haben. Sie würden sagen „Das tut furchtbar weh", „Kannst Du mir eine Schmerztablette bringen", etc. Und schließlich: Aufgrund seiner kausalen Rolle würde das Feuern der C-Fasern in diesen Menschen auch dazu führen, dass sie selbst *glauben*, dass sie Schmerzen haben. Sie würden auch glauben, dass sich diese Schmerzen schmerzhaft anfühlen. Und das würden sie auch äußern, d.h., auf die Frage, ob sich ihre Schmerzen schmerzhaft anfühlen würden, würden sie völlig selbstverständlich antworten „Ja, sicher; sonst wären es ja keine Schmerzen."

> Qualitativer Charakter und kausale Rolle

Wenn das alles so ist, gibt es aber keinerlei Möglichkeit herauszufinden, ob Menschen, deren C-Fasern feuern, tatsächlich Schmerzen haben oder nicht. Auch sie selbst können das nicht herausfinden; denn sie glauben ja, dass sie Schmerzen haben und dass diese Schmerzen schmerzhaft sind, und sie können keinerlei Grund haben, an der Wahrheit dieser Überzeugungen zu zweifeln. Alles in allem: Wenn man sich – unter der Voraussetzung, dass das Feuern von C-Fasern tatsächlich genau die kausale Rolle von Schmerzen hat – die Situation, in der die C-Fasern einer Person feuern, nur genau genug vorstellt, wird schnell klar, dass es vielleicht doch undenkbar ist anzunehmen, dass Menschen in dieser Situation tatsächlich keine Schmerzen haben. Letzten Endes läuft diese Argumentation darauf hinaus, dass es nicht gerechtfertigt ist, den qualitativen Charakter von Empfindungen so strikt von ihrer kausalen Rolle zu trennen, wie z.B. Thomas Nagel und Joseph Levine dies tun. (Vgl. zu dieser Argumentation Shoemaker 1975, Beckermann 2008, 442ff. und Levine 1997.)

4.4 Fazit

Die kritischen Merkmale *intentionaler Zustände* stellen heute in den Augen vieler, wenn auch keineswegs aller, Philosophinnen und Philosophen für den Eigenschaftsphysikalismus kein unüberwindbares Problem mehr dar. *Empfindungen* gelten wegen ihres qualitativen Charakters aber nach wie vor als äußerst problematisch. Problematisch sind Empfindungen insbesondere für die, die die folgenden beiden Thesen vertreten:

(1) Der qualitative Charakter von Empfindungen hat nichts mit ihrer kausalen Rolle zu tun.

(2) Wenn der Eigenschaftsphysikalismus wahr ist, dann würde aus einer *vollständigen* Beschreibung der *physikalischen Aspekte* unserer Welt *a priori* folgen, wie die mentalen Eigenschaften in unserer Welt verteilt sind.[9]

Denn selbst aus einer vollständigen Beschreibung der physikalischen Aspekte unserer Welt scheint eben nicht *a priori* zu folgen, wie es sich z.B. anfühlt, wenn die C-Fasern feuern.

Weniger problematisch sind Empfindungen für die, die bezweifeln, dass man Qualia tatsächlich strikt von kausalen Rollen trennen kann. Aber auch Vertreter der klassischen Identitätstheorie sehen hier oft weniger Probleme. Denn sie beharren darauf, dass mentale Prädikate auch dann für physische Eigenschaften stehen können, wenn sie nicht denselben Sinn wie die entsprechenden physischen Prädikate haben. Aus diesem Grund bestreiten sie These (2). Was aus einer vollständigen Beschreibung der physikalischen Aspekte unserer Welt *a priori* folgt, ist in ihren Augen allein eine Frage des Sinns, aber nicht des Bezugs sprachlicher Ausdrücke. Chalmers und Jackson sehen das anders. In ihren Augen muss, wenn der Eigenschaftsphysikalismus wahr ist, aus einer vollständigen Beschreibung der physikalischen Aspekte unserer Welt auch folgen, welchen Bezug mentale Prädikate haben. Dieser äußerst komplizierten Diskussion, deren Ende nicht abzusehen ist, soll hier jedoch nicht mehr nachgegangen werden.

Das Qualia-Problem ist das meistdiskutierte Problem in der Philosophie des Geistes der Gegenwart. Unbedingt gelesen haben sollte man T.

---

[9] Diese These vertreten unter anderen Chalmers und Jackson (siehe unten), aber auch, aus anderen Gründen, alle Anhänger der Theorie der reduktiven Erklärbarkeit.

Nagel 1974, Jackson 1982 und Levine 1983. Eine zentrale Rolle in der neuesten Diskussion spielt Chalmers 1996. Deutsche Übersetzungen zentraler Aufsätze finden sich in Heckmann/Walter 2001. Weitere Beiträge sind in Block/Flanagan/Güzeldere 1997 zusammengetragen. Eine ausführliche von Chalmers betreute Bibliographie zum Thema findet sich im Internet unter http://consc.net/biblio.html.

Glossar

ad hoc-Annahme
‚ad hoc' nennt man eine Annahme oder Theorie, die nur zu dem Zweck eingeführt wird, ein bestimmtes Problem zu lösen, und für die keine weiteren, unabhängigen Gründe sprechen.

afferente und efferente Nerven
Afferente Nerven leiten Reize von Sinneszellen und Organen ins Gehirn; efferente Nerven leiten Reize vom Gehirn zu den ausführenden Organen.

Algorithmus
(nach dem arabischen Mathematiker Al-Chwarismi, ca. 780–850 n.Chr.) Geordnete Menge von Handlungsanweisungen, die für jede Situation, die bei der Bearbeitung einer Aufgabe vorkommen kann, genau vorschreibt, was zu tun ist, und deren korrekte Befolgung mit Sicherheit und automatisch zur Lösung der Aufgabe führt.

Analogieschluss
Argumentform, bei der aus der Tatsache, dass ein Gegenstand oder Phänomen *a* anderen Gegenständen oder Phänomenen in einer bestimmten Hinsicht ähnlich ist, geschlossen wird, dass *a* diesen Gegenständen oder Phänomenen auch in anderen Hinsichten ähnelt.

analytisch – synthetisch
Eine Aussage heißt analytisch wahr, wenn sich ihre Wahrheit allein schon aus dem Sinn der in ihr vorkommenden Ausdrücke ergibt. Ihre Wahrheit oder Falschheit ist völlig unabhängig davon, wie die Welt beschaffen ist. (Bsp.: „Alle Junggesellen sind unverheiratet." „Brüder sind männliche Geschwister.") Die Wahrheit von synthetischen Aussagen hängt dagegen auch davon ab, ob die Welt so ist, wie sie besagen.

a priori – a posteriori
Eine Aussage ist *a priori*, wenn sie ohne Rückgriff auf Erfahrungen begründet werden kann. Sie ist *a posteriori*, wenn sie nur durch Erfahrung (durch Beobachtungen und Experimente) gestützt werden kann. Als *a priori* gelten z.B. alle logischen und

mathematischen Wahrheiten. Es ist eine heiß diskutierte Frage, ob nur analytische* Aussagen *a priori* wahr sind oder ob es auch synthetische Aussagen *a priori* gibt.

Attribut
Nach Descartes sind Attribute die wesentlichen Eigenschaften von Dingen, die zugleich bestimmen, zu welcher Art von Dingen sie gehören. Einem Gegenstand kommt eine Eigenschaft *wesentlich* zu, wenn er nicht als derselbe Gegenstand existieren kann, ohne diese Eigenschaft zu besitzen. Eigenschaften, die nicht wesentlich sind, heißen *kontingent*. ,*Essentialistisch*‚ heißt jede Position, die die Ansicht beinhaltet, dass es wesentliche Eigenschaften gibt.

Beweistheorie
Die Untersuchung von Beweisen in formalen Systemen (Kalkülen). Kalküle bestehen entweder aus rein syntaktisch* charakterisierten Axiomen und Regeln, die es erlauben, aus den Axiomen Theoreme abzuleiten, oder nur aus Regeln. Die Beweistheorie interessiert sich unter anderem für die Widerspruchsfreiheit, Vollständigkeit und Äquivalenz formaler Systeme. Bei der Widerspruchsfreiheit geht es darum, ob in einem formalen System K sowohl ein Satz A als auch seine Negation abgeleitet, d.h. bewiesen werden können; bei der Vollständigkeit darum, ob es einen Satz A gibt, so dass in K weder A noch seine Negation bewiesen werden können; und bei der Äquivalenz darum, ob in zwei formalen Systemen K und K' dieselben Sätze beweisbar sind.

Definiens – Definiendum
In einer Definition nennt man den Ausdruck, der definiert wird, ,Definiendum‘ und den Ausdruck, durch den das Definiendum definiert wird, ,Definiens‘.

Emergentisten, Britische
Zur Gruppe der Britischen Emergentisten zählen insbesondere die Philosophen Conwy Lloyd Morgan (1852–1936), Samuel Alexander (1859–1938) und Charles Dunbar Broad (1887–1971). Sie vertraten die These, dass in der Evolution zwar nur *natürliche* Faktoren – also keine *übernatürlichen* Kräfte oder Entitäten* – wirksam sind, dass aber trotzdem immer wieder *genuin Neues* entsteht – z.B. Eigenschaften von komplexen Gegenständen, die sich nicht auf die Eigenschaften der Teile dieser Gegenstände

zurückführen lassen. Menschliches Bewusstsein ist in den Augen der Britischen Emergentisten ein emergentes Phänomen.

Entität
Etwas, was es gibt, d.h. was auf die eine oder andere Weise existiert. Der Ausdruck ‚Entität' wird insbesondere dann verwendet, wenn man offenlassen will, welchen genauen ontologischen Status das hat, worüber man redet (ob es z.B. ein Einzelgegenstand oder eine Eigenschaft oder ein Ereignis ist).

epistemisch, Epistemologie
Das Adjektiv ‚epistemisch' ist vom Substantiv ‚Epistemologie' abgleitet. ‚Epistemologie' ist ein anderer Name für die Erkenntnistheorie, d.h. für die Teildisziplin der Philosophie, die sich mit den Problemen des Wissens und der Rechtfertigung von Meinungen befasst.

Galen (Claudius Galenus)
Geboren 129 in Pergamon, gestorben 199 in Rom, war Galen der letzte Gelehrte des Altertums, der biologie- und medizinhistorische Bedeutung erlangte. Er führte sehr genaue eigene anatomische und physiologische Studien an vielen Tierarten durch. Von der Hippokratischen Schule übernahm er die Lehre von den vier Körpersäften: Blut, Schleim, gelbe und schwarze Galle müssen sich im Gleichgewicht befinden, sonst erkrankt der Mensch. Für viele Jahrhunderte prägend waren Galens Vorstellungen von der Blutbewegung: Die Milz entzieht dem Nahrungsbrei unbrauchbare Bestandteile und bildet daraus die schwarze Galle, die in den Magen gelangt und mit den unverdaulichen Bestandteilen der Nahrung den Magen- und Darmkanal verlässt. Der übrige Nahrungsbrei gelangt zur Leber. Aus den verwertbaren Bestandteilen der Nahrung entsteht das neue Blut. Die nicht verwertbare Nahrung wird über die Nieren und die Harnblase ausgeschieden. Das in der Leber gebildete Blut gelangt durch die antreibende Kraft der Leber und durch die anziehende Kraft der Gefäße in die Körperperipherie und schließlich zur rechten Herzhälfte. Von hieraus gelangt ein Teil des Blutes in die Lunge, um dort von Schlacken befreit zu werden. Das restliche Blut fließt zum Kopf, in die Arme oder durch feine Poren in der Herzscheidewand in die linke Herzhälfte. Von hier gelangt es über die Aorta in den Körper, einschließlich des Gehirns. Im Körper dient das Blut dem Aufbau der Organe und Gewebe und wird dabei verbraucht. „Der jeden wissenschaftlichen Fortschritt hemmende

Anspruch Galens auf Unfehlbarkeit fand Jahrhunderte später einen günstigen sozialen Nährboden in der von katholischer Orthodoxie beherrschten Feudalgesellschaft [...]. So blieb er für über eintausend Jahre der ,letzte grosse Arzt', als den er sich selber bezeichnet hatte." (http://home.tiscalinet.ch/biografien/ biografien/galen.htm, 28.8.2006, 8:30)

Kategorienfehler
Sprachliche Ausdrücke – z.B. Namen und Prädikate – gehören zu unterschiedlichen Kategorien. Bei Namen muss man etwa Personennamen von Zahlzeichen und von Namen für Wochentage unterscheiden, bei Prädikaten Ausdrücke wie ,ist eine Primzahl' von Ausdrücken wie ,wiegt 20 Gramm'. Diese kategorialen Unterscheidungen haben zur Folge, dass Namen und Prädikate nicht beliebig kombiniert werden können. Man kann z.B. Personennamen nur mit Prädikaten bestimmter Kategorien verbinden; wenn man sie mit Prädikaten ungeeigneter Kategorien verbindet, entsteht sprachlicher Unsinn – ein Kategorienfehler. Beispiele: „Cäsar ist durch vier teilbar", „Die Primzahlen sterben aus", „Montag wiegt mindestens 500 Gramm".

Kausalrelation
Eine Kausalrelation besteht zwischen zwei Ereignissen a und b, wenn a die Ursache (eine der Ursachen) von b ist.

konativ
Das Wort geht zurück auf das lateinische ,conatus', das unter anderem ,Versuch', ,Anstrengung' und ,Trieb' bedeutet. ,Konativ' nennt man alle mentalen Zustände, die ein Element des Antriebs zum Handeln beinhalten.

Kortex
Der Kortex oder die Hirnrinde ist die stark gefaltete Oberfläche des Großhirns, das den größten Teil des menschlichen Gehirns ausmacht. Bestimmte Felder der Hirnrinde sind mit bestimmten kognitiven Leistungen korreliert. Der Stirnlappen der Hirnrinde steht in enger Beziehung zur Persönlichkeitsstruktur, während im Hinterhauptslappen – dem visuellen Kortex – die von den Augen kommenden visuellen Signale verarbeitet werden. An der Grenze zwischen Stirn- und Scheitellappen liegen zwei Gebiete mit den motorischen Zentren für die einzelnen Körperabschnitte und einem Zentrum für Sinneseindrücke aus der Körpereigenwahrnehmung – der somato-sensorische Kortex.

notwendig – kontingent

Man unterscheidet zwischen metaphysischer und naturgesetzlicher Notwendigkeit. Naturgesetzlich notwendig ist alles, dessen
Gegenteil mit den bestehenden Naturgesetzen nicht vereinbar ist.
So ist es naturgesetzlich notwendig, dass der Stift, den ich in der
Hand halte, zu Boden fällt, wenn ich ihn loslasse (vorausgesetzt,
es wirken keine Kräfte auf ihn ein, die ihn an diesem Fall hin-
dern). Dies ist jedoch nicht metaphysisch notwendig; denn die
Naturgesetze selbst könnten anders sein. Es könnte z.B. sein, dass
sich die Anziehungskraft zwischen zwei Körpern nicht mit dem
Quadrat, sondern mit der dritten Potenz der Entfernung verändert. Metaphysisch notwendig ist das, dessen Gegenteil überhaupt unmöglich ist. In diesem Sinne ist es notwendig, dass zwei
und zwei vier ergibt, denn es kann nicht sein, dass zwei und
zwei etwas anderes als vier ergibt, etwa drei oder fünf. Notwendigkeit wird oft mit Hilfe des Begriffs der möglichen Welten erläutert: Eine Aussage ist genau dann naturgesetzlich notwendig,
wenn sie in allen möglichen Welten wahr ist, in denen dieselben
Naturgesetze gelten wie in unserer Welt. Eine Aussage ist genau
dann metaphysisch notwendig, wenn sie in allen möglichen
Welten (ohne jede Einschränkung) wahr ist. Eine Aussage ist
genau dann möglicherweise wahr, wenn es mindestens eine
mögliche Welt gibt, in der sie wahr ist. Sie ist genau dann notwendigerweise falsch, wenn es keine mögliche Welt gibt, in der
sie wahr ist. Aussagen heißen ‚kontingent‘, wenn sie weder notwendig wahr noch notwendig falsch sind.

Ontologie, ontologisch

In der Ontologie geht es einerseits um die Frage, was die ‚fun-
damentalen Bausteine‘ der Realität sind, d.h., welche Arten von
Entitäten* es wirklich gibt. Dabei geht es z.B. um die Existenz
von Universalien, Mengen, Zahlen, Ereignissen, Tatsachen und
möglichen Welten. Andererseits geht es in der Ontologie (bzw.
Metaphysik) aber auch darum, wie die verschiedenen Bereiche
der Wirklichkeit zusammenhängen, ob sie selbständig oder aufeinander reduzierbar sind. In diesem Sinne kann man sich fragen,
ob Zahlen auf Mengen reduzierbar sind oder das Mentale auf das
Physische.

Positronen-Emissions-Tomographie

Positronen sind positiv geladene Teilchen, die von bestimmten
radioaktiven Atomen abgesondert werden, wenn diese zerfallen.
Positronen interagieren mit Elektronen, wobei zwei Photonen

freigesetzt werden, die sich in entgegengesetzte Richtungen voneinander weg bewegen. Dieser Vorgang kann von einander gegenüberliegenden Strahlungsdetektoren bemerkt werden, wenn sie so miteinander verschaltet sind, daß sie nur gleichzeitige Photonenentstehungen registrieren. Positronen-Emissions-Tomographen dienen genau diesem Zweck. Wenn man einer Versuchsperson eine radioaktiv markierte Substanz wie Glukose oder Sauerstoff verabreicht, kann man mit Hilfe eines solchen Geräts daher die Konzentration dieser Substanz in den verschiedenen Teilen z.b. des Gehirns der Person messen. Da größere neuronale Aktivität mit größerem Verbrauch an Glukose und Sauerstoff einhergeht, läßt sich auf diese Weise auch feststellen, unter welchen Bedingungen welche Teile des Gehirns besonders aktiv sind.

Substanz
Der Begriff ‚Substanz‘ wird in der Philosophie meist etwas anders als bei Aristoteles verwendet. Unter Substanz versteht man gemeinhin das, was selbständig existieren kann und Träger von Eigenschaften ist. Ein Ball z.B. ist eine Substanz. Seine Eigenschaften wie seine Kugelform oder seine Farbe dagegen sind keine Substanzen; denn sie können nicht ohne einen Träger existieren – etwas, das diese Form oder diese Farbe hat.

Syntax – Semantik
Man betrachtet die Ausdrücke einer Sprache rein *syntaktisch*, wenn man völlig von ihrer Bedeutung und ihrer Verwendung absieht und sie nur als Ketten von rein formal, d.h. allein durch ihre graphische (oder lautliche) Gestalt charakterisierten Zeichen analysiert. *Syntax* ist entsprechend die Lehre von der Verkettung (uninterpretierter) Zeichen zu wohlgeformten sprachlichen Ausdrücken und insbesondere zu Sätzen; zugleich wird auch das Regelsystem einer Sprache, das bestimmt, was in ihr wohlgeformte Ausdrücke sind, ‚Syntax‘ genannt. Zur Syntax zählt auch die Einteilung von Ausdrücken in Kategorien wie ‚Artikel‘, ‚Hauptwort‘ etc. Die *Semantik* ist demgegenüber die Lehre von der Bedeutung und vom Bezug sprachlicher Zeichen und Ausdrücke; zugleich heißt auch das Regelsystem einer Sprache, das Zeichen und Zeichenketten Bedeutungen und Bezüge zuteilt, ‚Semantik‘. Von der Syntax und Semantik wird die *Pragmatik* unterschieden, die die Verwendung sprachlicher Ausdrücke durch die Sprecher einer Sprache zum Gegenstand hat.

Verifikationistische Theorie der Bedeutung

Die Grundthesen der besonders im Wiener Kreis* vertretenen verifikationistischen Theorie Bedeutung lauten:

(1) Es gibt genau zwei Arten von bedeutungsvollen Aussagen – analytische* und empirische Aussagen.

(2) Der Gehalt (die Bedeutung) empirischer Aussagen ergibt sich aus den Protokollsätzen, die aus ihnen ableitbar sind.

(3) Lassen sich aus zwei Aussagen dieselben Protokollsätze ableiten, sind sie gehaltgleich.

(4) Lässt sich aus einem nicht-analytischen Satz kein Protokollsatz ableiten, ist er sinnlos.

Wiener Kreis

Loser Zusammenschluß von Philosophen und Naturwissenschaftlern in den 20er und 30er Jahren des 20. Jahrhunderts. Wichtige Vertreter waren neben anderen Moritz Schlick, Rudolf Carnap, Otto Neurath und Kurt Gödel. Die philosophische Position des Wiener Kreises ist als ‚logischer Positivismus' bzw. ‚logischer Empirismus' bekannt geworden und war bis in die 50er Jahre hinein sehr einflußreich. Äußerst knapp läßt sich diese Position anhand folgender Punkte charakterisieren: Alle Sätze werden in sinnvolle und sinnlose eingeteilt. Sinnvoll sind allein analytische und empirisch bedeutungsvolle Sätze. Analytisch ist ein Satz, wenn sich seine Wahrheit oder Falschheit schon allein aus der Bedeutung der in ihm vorkommenden Ausdrücke ergibt; empirisch bedeutungsvoll ist ein Satz, wenn er durch Erfahrungen verifiziert (bzw. falsifiziert oder bestätigt) werden kann. Alle Sätze, die nicht zu einer dieser beiden Gruppen gehören, und damit auch alle metaphysischen Sätze werden als sinnlos verworfen. Philosophie kann daher nicht in der Produktion metaphysischer Sätze, sondern nur in Sprachanalyse bestehen.

Literaturverzeichnis

Einführende Literatur

Beckermann, A. (2003) Mentale Eigenschaften und mentale Substanzen – Antworten der Analytischen Philosophie auf das ‚Leib-Seele-Problem'. In: U. Lorenz (Hg.) *Philosophische Psychologie*. Freiburg/München: Karl Alber, 203–221.

Beckermann, A. (2008) *Analytische Einführung in die Philosophie des Geistes*. 3. Auflage. Berlin; New York: de Gruyter.

Bieri, P. (Hg.) (1981a) *Analytische Philosophie des Geistes*. Weinheim: Beltz Athenäum (³1997).

Bieri, P. (1981b) Generelle Einführung. In: Bieri (1981a), 1–28.

Block, N. (1980a) *Readings in the Philosophy of Psychology. Vol. 1*. Cambridge MA: Harvard University Press.

Churchland, P.M. (1988) *Matter and Consciousness*. 2nd edition. Cambridge MA: MIT Press.

Kim, J. (2005) *Philosophy of Mind*. 2nd ed. Boulder CO: Westview. (Dt.: *Philosophie des Geistes*. Berlin/Heidelberg: Springer 1998)

Lycan, W. (ed.) (1990) *Mind and Cognition*. Oxford: Basil Blackwell.

McGinn, C. (1982) *The Character of Mind*. Oxford/New York: Oxford University Press.

McLaughlin, B. (1995) Artikel ‚philosophy of mind'. In: R. Audi (ed.) *The Cambridge Dictionary of Philosophy*. Cambridge: Cambridge University Press, 597–606.

Weiterführende Literatur

Ackrill, J.L. (1981) *Aristotle the Philosopher*. Oxford: Clarendon Press. (Dt.: *Aristoteles*. Berlin/New York: de Gruyter 1985)

Armstrong, D. (1968) *A Materialist Theory of the Mind*. London: Routledge & Kegan Paul.

Beckermann, A. (1986) *Descartes' metaphysischer Beweis für den Dualismus – Analyse und Kritik*. Freiburg: Verlag Karl Alber.

Beckermann, A. (2002) Die reduktive Erklärbarkeit phänomenalen Bewusstseins – C.D. Broad zur Erklärungslücke. In: M. Pauen und A. Stephan (Hg.) *Phänomenales Bewusstsein*. Paderborn: mentis 2002, 122–147.

Beckermann, A. (2007) Neue Überlegungen zum Eigenschaftsphysikalismus. In: M. Pauen, M. Schütte und A. Staudacher (Hg.) *Bewusstsein und das Argument der Erklärungslücke*. Paderborn: mentis, 143–170.

Bieri, P. (1992) Trying Out Epiphenomenalism. *Erkenntnis 36,* 283–309.

Bieri, P. (1995) Was macht Bewußtsein zu einem Rätsel? In: Metzinger, T. (Hg.) *Bewußtsein. Beiträge aus der Gegenwartsphilosophie.* Paderborn: Schöningh 1995, ²1996, 61–77.

Birnbacher, D. (1990) Das ontologische Leib-Seele-Problem und seine epiphänomenalistische Lösung. In: K.-E. Bühler (Hg.) *Aspekte des Leib-Seele-Problems. Philosophie, Medizin, Künstliche Intelligenz.* Würzburg, 59–79.

Birnbacher, D. (1997) Wie kommt die Welt in den Kopf? Eine Lösung für das Leib-Seele-Problem. In: F. Rapp (Hg.) *Die konstruierte Welt. Theorie als Erzeugungsprinzip* (Schriftenreihe der Universität Dortmund Band 41). Dortmund, 17–35.

Block, N. (1978) Troubles with Functionalism. In: C.W. Savage (ed.) *Perception and Cognition. Minnesota Studies in the Philosophy of Science. Vol. 9.* Minneapolis: University of Minnesota Press, 261–325. Wiederabdruck in: Block (1980a), 268–305. (Dt. leicht gekürzt in: D. Münch (Hg.) *Kognitionswissenschaft* (stw 989) Frankfurt am Main: Suhrkamp 1992, 159–224)

Block, N. (1980b) What is Functionalism. In: Block (1980a), 171–184.

Block, N., O. Flanagan and G. Güzeldere (eds.) (1997) *The Nature of Consciousness. Philosophical Debates.* Cambridge MA: MIT Press.

Block, N. and R. Stalnaker (1999) Conceptual Analysis, Dualism, and the Explanatory Gap. *The Philosophical Review* 108, 1–46.

Borst, C.V. (ed.) (1970) *The Mind-Brain Identity Theory.* London: Macmillan.

Bostock, D. (1986) *Plato's Phaedo.* Oxford: Clarendon Press.

Braddon-Mitchell, D. and F. Jackson (eds.) (1996) *The Philosophy of Mind and Cognition.* Oxford: Blackwell.

Brandt, R. and J. Kim (1963) Wants as Explanations of Actions. *The Journal of Philosophy* 60, 425–435. (Dt. in A. Beckermann (Hg.) *Analytische Handlungstheorie. Band 2. Handlungserklärungen.* 2. Auflage. Frankfurt am Main: Suhrkamp 1985, 259–274)

Broad, C.D. (1925) *The Mind and its Place in Nature.* London: Kegan Paul, Trench, Turbner & Co.

Carnap, R. (1932a) Die physikalische Sprache als Universalsprache der Wissenschaft, *Erkenntnis* 2, 432–465.

Carnap, R. (1932b) Psychologie in physikalischer Sprache, *Erkenntnis* 3, 107–142.

Carnap, R. (1956) *Meaning and Necessity.* 2nd enlarged edition. Chicago: Chicago University Press.

Chalmers, D. (1995) Facing Up to the Problem of Consciousness. *Journal of Consciousness Studies* 2, 200–219. Wiederabdruck in: J. Shear (ed.) *Explaining Consciousness – The 'Hard Problem'.* Cambridge MA: MIT Press 1997, 9–30. (Dt. in: F. Esken und D. Heckmann (Hg.) *Bewußtsein und Repräsentation.* Paderborn: Schöningh 1998, 221-253)

Chalmers, D. (1996) *The Conscious Mind.* Oxford: Oxford University Press.

Chisholm, R. (1957) *Perceiving.* Ithaca NY: Cornell University Press.

Dennett, D. (1991) *Consciousness Explained.* Boston: Little, Brown and Company (Dt.: *Philosophie des menschlichen Bewußtseins.* Hamburg: Hoffmann und Campe 1994)

Descartes, R. *Discours de la méthode – Von der Methode des richtigen Vernunftgebrauchs.* Franz.-Dtsch., übertr. u. hrsg. v. Lüder Gäbe. Hamburg: Felix Meiner 1960.

Descartes, R. *Meditationen über die Erste Philosophie – Meditationes de Prima Philosophia.* Latein.-Dtsch., übertr. u. hrsg. v. Gerhart Schmidt. Stuttgart: Reclam 1986.

Descartes, R. *Über den Menschen (1632) sowie Beschreibung des menschlichen Körpers (1648).* Nach der ersten französischen Ausgabe von 1664 übersetzt und mit einer historischen Einleitung versehen von K.E. Rothschuh. Heidelberg: Schneider 1969.

Descartes, R. *Briefe 1629–1650.* Herausgegeben, eingeleitet und mit Anmerkungen versehen von M. Bense. Übersetzt von F. Baumgart. Köln/Krefeld: Staufen-Verlag 1949.

Eccles, J.C. und H. Zeier (1980) *Gehirn und Geist.* München.

Eccles, J.C. and F. Beck (1992) Quantum Aspects of Brain Activity and the Role of Consciousness. *Proc. Nat. Acad. Sci.* 89, 113–157. Wiederabdruck als ch. 9 in: Eccles, J.C. *How the Self Controls its Brain.* Berlin/Heidelberg: Springer 1994. (Dt.: *Wie das Selbst sein Gehirn steuert.* München: Piper 1994)

Farrell, B.A. (1950) Experience. *Mind* 50, 170–198.

Feigl, H. (1958) The 'Mental' and the 'Physical'. In: H. Feigl, M. Scriven and G. Maxwell (eds.) *Concepts, Theories, and the Mind-Body Problem. Minnesota Studies in the Philosophy of Science. Vol. II.* Minneapolis: University of Minnesota Press, 370–497.

Fodor, J. (1987) *Psychosemantics.* Cambridge MA: MIT Press.

Foster, J. (1991) *The Immaterial Self: A Defense of the Cartesian Dualist Conception of the Mind.* London: Routledge.

Frede, D. (1999) *Platons „Phaidon".* Darmstadt : Wissenschaftliche Buchgesellschaft (²2005)

Gallop, D. (1980) *Plato Phaedo. Translation with notes.* Oxford:
Oxford University Press.

Gunderson, K. (1970) Asymmetries and Mind-Body-Perplexities.
In: M. Rudner and S. Winokur (eds.) *Minnesota Studies in the
Philosophy of Science. Vol. IV: Analysis of Theories and Methods
of Physics and Psychology.* Minneapolis MN: University of Minnesota Press, 273–309.

Gunderson, K. (1974) The Texture of Mentality. In: R. Rambrough
(ed.) *Wisdom – Twelve Essays.* Oxford: Oxford University Press,
177–193.

Heckmann, H.-D. & S. Walter (Hg.) (2001) *Qualia.* Paderborn:
mentis.

Hempel, C.G. (1935) The Logical Analysis of Psychology, in:
Block (1980a) 14–23. (Ursprünglich auf Französisch in *Revue
de Synthèse* 1935.)

Hill, C. (1991) *Sensations.* Cambridge: Cambridge University Press.

Huxley, T.H. (1874) On the Hypothesis that Animals are Automata. In: T.H. Huxley (1904) *Collected Essays. Vol. 1. Method
and Results,* 4th edition. London: Macmillan, 199–250.

Jackson, F. (1982) Epiphenomenal Qualia. *Philosophical Quarterly* 32, 127–136. Wiederabdruck in: Lycan (1990), 469–477.
Dt. in Heckmann/Walter 2001, 123–138.

Jackson, F. (1998) *From Metaphysics to Ethics.* Oxford: Clarendon
Press.

Kim, J. (1993) *Supervenience and Mind.* Cambridge: Cambridge
University Press.

Kripke, S. (1971) Identity and Necessity. In: M. Munitz (ed.)
Identity and Individuation. New York, 135–164. (Dt. in: M.
Sukale (Hg.) *Moderne Sprachphilosophie.* Hamburg: Hoffmann
und Campe 1976, 190–215)

Kripke, S. (1972) Naming and Necessity. In: D. Davidson and G.
Harman (eds.) *Semantics of Natural Language.* 2nd edition.
Dordrecht: Reidel Publishing Company, 253–355. Rev. Fassung
erschienen als Monographie: *Naming and Necessity.* Camb-
ridge MA: Harvard University Press 1980. (Dt.: *Name und
Notwendigkeit.* Frankfurt am Main: Suhrkamp 1981)

LaMettrie, Julien Offray de (1748) *L'homme machine. Die Maschine Mensch.* Französisch/Deutsch. Übersetzt und herausgegeben
von C. Becker. Hamburg: Meiner 1990.

Leibniz, G.W. (1696) Zur prästabilierten Harmonie. In: G.W. Leibniz, *Hauptschriften zur Grundlegung der Philosophie. Band II.*

Übersetzt von A. Buchenau. 3. Aufl. Hamburg: Felix Meiner 1966, 272–275.

Levine, J. (1983) Materialism and Qualia: The Explanatory Gap. *Pacific Philosophical Quarterly* 64, 354–361.

Levine, J. (1993) On Leaving Out What It's Like. In: Davies, M. and G.W. Humphreys (eds.) *Consciousness: Psychological and Philosophical Essays*. Oxford: Blackwell, 121–136. Dt. in Heckmann/Walter 2001, 79–105.

Levine, J. (1997) Recent Work on Consciousness. *American Philosophical Quarterly* 34, 379–404.

Libet, B. and Peer Commentary (1985) Unconscious cerebral Initiative and the Role of Conscious Will in Voluntary Action. *Behavioral and Brain Sciences* 8, 529–566.

Loar, B. (1981) *Mind and Meaning*. Cambridge: Cambridge University Press.

Lukrez *Von der Natur*. Lateinisch-Deutsch. Herausgegeben und übersetzt von Hermann Diels. 2. Aufl. Düsseldorf/Zürich: Artemis & Winkler 1993.

Malebranche, N. (1688) *Entretiens sur la métaphysique & sur la religion*. Rotterdam.

Marr, D. (1982) *Vision*. New York: W.H. Freeman and Company.

Nagel, E. (1961) *The Structure of Science*. New York: Harcourt, Brace & World.

Nagel, T. (1974) What is it like to be a bat? *Philosophical Review* 83, 435–450. Wiederabdruck in: T. Nagel (1979), 165–180, und Block/Flanagan/Güzeldere (1997), 519–527. Dt.: in Bieri 1981a, 261–276, und der dt. Übersetzung von T. Nagel 1979.

Nagel, T. (1979) *Mortal Questions*. Cambridge: Cambridge University Press. (Dt.: *Letzte Fragen*. Philo Verlagsgesellschaft 1996)

Papineau, D. (1998) Mind the Gap. In: J. Tomberlin (ed.) *Philosophical Perspectives 12: Language, Mind, and Ontology*. Oxford: Basil Blackwell, 373–388.

Patzig, G. (1982) Platon. In: N. Hoerster (Hg.) *Klassiker des philosophischen Denkens, Band 1*. München: dtv, 9–52.

Penrose, R. (1989) *The Emperor's New Mind – Concerning Computers, Minds, and the Laws of Physics*. Oxford/New York: Oxford University Press. (Dt.: *Computerdenken – Des Kaisers neue Kleider oder Die Debatte um künstliche Intelligenz, Bewußtsein und die Gesetze der Physik*. Heidelberg: Verlag Spektrum der Wissenschaft 1991)

Penrose, R. (1994) *Shadows of the Mind*. Oxford/New York: Oxford University Press. (Dt.: *Schatten des Geistes*. Heidelberg: Spektrum Akademischer Verlag 1995)

Place, U.T. (1956) Is consciousness a brain process? *British Journal of Psychology* 47, 44–50. Wiederabdruck in Borst (1970), 42–51.

Platon *Phaidon*. Dt. Übersetzung und Kommentar von T. Ebert. Göttingen: Vandenhoeck & Ruprecht 2004.

Priest, S. (1991) *Theories of the Mind*. London: Penguin Books.

Putnam, H. (1967) Psychological Predicates. In: W.H. Capitan and D.D. Merrill (eds.) *Art, Mind, and Religion*. Pittsburgh PA. Unter dem Titel „The Nature of Mental States" wiederabgedruckt in H. Putnam *Mind, Language, and Reality. Philosophical Papers, Vol. 2*. Cambridge: Cambridge University Press 1975, 429–440, und Block 1980a, 223–231. (Dt. in: Bieri 1981a, 121–135)

Ryle, G. (1949) *The Concept of Mind*, London: Hutchinson. (Dt.: *Der Begriff des Geistes*. Stuttgart: Reclam 1969)

Schiffer, S. (1986) Functionalism and Belief. In: M. Brand and R. Harnish (eds.) *The Representation of Knowledge and Belief*. Tuscon: University of Arizona Press, 127–159.

Searle, J. (1983) *Intentionality. An Essay in the Philosophy of Mind*. Cambridge: Cambridge University Press. (Dt.: *Intentionalität. Eine Abhandlung zur Philosophie des Geistes*. Frankfurt am Main: Suhrkamp 1987)

Shoemaker, S. (1975) Functionalism and Qualia. *Philosophical Studies* 27, 291–315. Dt. in Heckmann/Walter 2001, 241–271.

Smart, J.J.C. (1959) Sensations and Brain Processes. *Philosophical Review* 59, 141–156. Wiederabdruck in: Borst (1970), 52–66.

Specht, R. (1966) *Descartes*. Reinbek bei Hamburg: Rowohlt.

Strawson, P (1959) *Individuals*. London: Methuen. (Dt.: *Einzelding und logisches Subjekt*. Stuttgart: Reclam 1972)

Swinburne, R. (1984) Personal Identity: The Dualist Theory. In: S. Shoemaker and R. Swinburne, *Personal Identity*. Oxford: Oxford University Press, 1–66.

Swinburne, R. (1986) *The Evolution of the Soul*. Oxford: Oxford University Press.

Swinburne, R. (1994) Body and Soul. In: R. Warner and T. Szubka (eds.) *The Mind-Body Problem: A Guide to the Current Debate*. Oxford: Blackwell, 311–316.